一流大学研究文库
WCU SERIES

企业高管教育收益中的
一流大学效应

The World-class University Effects of
the Returns to Education for Top Executives

陈 沛 著

上海交通大学出版社
SHANGHAI JIAO TONG UNIVERSITY PRESS

内容提要

　　基于人力资本理论,本书以明瑟收入方程为基础构建经济计量模型,测量了全球万家企业高管的教育收益;聚焦世界一流大学在企业高管收入增加中的作用,分析了学位层次、学科背景和海外学位中的收入效应,验证了将全球大学排名作为毕业院校质量测量工具的有效性,测试了行业和时代两大外部因素对企业高管收入的敏感性。通过较大的样本量和数据量,本书揭示了企业高管教育收益中的一流大学效应,力图为我国建设世界一流大学、培育一流人才提供经验借鉴和证据支持。本书主要面向高等教育领域的专业教师、科研人员、研究生、教育管理者以及对世界一流大学、企业人才、教育收益等问题感兴趣的广大读者。

图书在版编目(CIP)数据

企业高管教育收益中的一流大学效应/ 陈沛著. —
上海:上海交通大学出版社,2020
(一流大学研究文库)
ISBN 978 - 7 - 313 - 23001 - 0

Ⅰ. ①企… Ⅱ. ①陈… Ⅲ. ①高等学校-学校教育-
影响-企业管理-人力资源管理-研究 Ⅳ. ①F272.92

中国版本图书馆 CIP 数据核字(2020)第 038151 号

企业高管教育收益中的一流大学效应
QIYE GAOGUAN JIAOYU SHOUYI ZHONG DE YILIU DAXUE XIAOYING

著　　者:陈　沛
出版发行:上海交通大学出版社　　　　　　　　地　　址:上海市番禺路 951 号
邮政编码:200030　　　　　　　　　　　　　　电　　话:021 - 64071208
印　　制:上海天地海设计印刷有限公司　　　　经　　销:全国新华书店
开　　本:710 mm×1000 mm　1/16　　　　　　印　　张:12.25
字　　数:199 千字
版　　次:2020 年 5 月第 1 版　　　　　　　　　印　　次:2020 年 5 月第 1 次印刷
书　　号:ISBN 978 - 7 - 313 - 23001 - 0
定　　价:78.00 元

总 序

世界一流大学是高等教育的旗帜,许多国家和地区制定了世界一流大学的建设计划,出台了促进世界一流大学建设的政策和举措。我国自20世纪90年代开始实施"211工程""985工程"等重点建设计划,2017年正式实施"双一流"建设计划。党的十九大报告强调"加快一流大学和一流学科建设,实现高等教育内涵式发展",标志着我国的世界一流大学建设进入了新阶段。

紧跟世界高等教育发展潮流,把握国家高等教育发展脉搏,立足世界一流大学建设的实际需求,上海交通大学世界一流大学研究中心先后出版了世界一流大学研究方面的全球第一本中文、英文著作;以教育部科技委《专家建议》等形式先后给政府部门提供了三十余份世界一流大学相关的咨询报告,其中若干份报告得到了国家领导人的批示和肯定;以个别咨询和参加座谈等方式为发改委、财政部、教育部的相关领导提供了世界一流大学相关的咨询建议。

世界一流大学研究中心研制并于2003年开始发布的世界首个多指标全球性大学排名"世界大学学术排名(ARWU)",作为全球性大学排名的中国标准,引领了全球性大学排名的发展方向,影响了世界高等教育的生态。世界一流大学研究中心2005年发起并举办了"第一届世界一流大学国际研讨会"(1st International Conference on World-Class Universities),之后隔年举办一届,至今已连续举办七届,已经成为全球范围内世界一流大学研究的交流平台。

世界一流大学研究中心2007年开始组编"一流大学研究文库",至今已经出版著作三十余部,品牌效应开始显现。随着"双一流"建设的不断推进,世界一流大学研究将面临前所未有的机遇与挑战,"一流大学研究文库"将坚持理论研究与建设实践相结合、中国特色与国际经验相结合、定量研究与经典案例相结合,持续扩大品牌的影响力，为我国的世界一流大学研究和建设做出不可替代的贡献。

"一流大学研究文库"期待与国内外世界一流大学研究领域的优秀学者和实践专家携手合作，主要选题包括世界一流大学建设（年度报告）、世界一流大学的理论与评价、世界一流大学的改革与创新以及世界一流大学相关的经典译著。

教育部战略研究基地"上海交通大学世界一流大学研究中心"主任

刘念才

2019 年 12 月于上海

前　言

随着经济全球化的不断深入，一流的人才成为全世界关注和竞争的重要资源。作为商界精英的企业高管就是一流人才的代表。他们参与组织战略制定和重大问题决策，在全球经济发展中具有重要影响。企业高管的高等教育背景反映了大学在人才培养方面的社会贡献，而企业高管的薪酬收入反映了劳动力市场对人才能力的实际认可。在建设世界一流大学背景下，值得探讨的是，一流大学培养出的一流人才能否在激烈的全球市场竞争中体现出自身价值，从而获得更有竞争力的教育收益。

本书通过收集全球万家企业年报和官方网站中的高管信息，运用履历分析法和计量分析法，从学位层次、学科背景、海外学位、行业、时代、国别等多个方面对企业高管的教育收益进行分析。在人力资本理论和收入效应模型基础上，本书通过较大的样本量和数据量，证实了"一流大学效应"的存在，丰富了世界一流大学、企业高管、高等教育收益等领域的研究。

本书是在博士论文基础上完善而成。整体研究思路是：首先，梳理企业高管教育收益的相关文献，收集全球万家企业的经济指标以及高管的教育背景信息；其次，基于人力资本理论和明瑟收入方程，按照学位层次、学科背景、海外学位分别建立计量模型，分析世界一流大学对企业高管教育收益的影响；再次，通过行业和时代对实证结果进行稳健性检验；最后，应用一流大学效应的测量结果，分析中国企业高管的教育收益。

本书共分十章。

第一章主要阐述了本书的研究背景、理论基础、研究问题、研究意义以及核心概念。

　　第二章从教育背景、毕业院校、教育与收入关系、高等教育收益四方面梳理了企业高管教育收益的相关文献。

　　第三章详细介绍了研究方法的选取、数据采集和清理过程、计量模型建构方法、一流大学效应测量方法以及研究局限。

　　第四章从学士、硕士和博士三个学位层次分析一流大学对企业高管教育收益的影响。

　　第五章按照文、商、法、理、工、农、医划分学科背景，测量一流大学的学科背景对企业高管教育收益的影响。

　　第六章从区域和国别的视角分析海外大学、一流大学以及海外一流大学在企业高管教育收益中的作用。

　　第七章和第八章从企业高管所处的外部环境入手，以行业视角和时代视角测量企业高管教育收益中的一流大学效应，作为前述结论的稳健性检验。

　　第九章以中国企业高管作为研究对象，将一流大学效应的测量结果加以应用。

　　第十章是结语，凝练前述章节内容，对现有研究不足进行讨论，提出未来研究希冀。

　　企业高管教育收益中的一流大学效应揭示了世界一流大学的经济价值，相关结论可以为我国开展世界一流大学建设提供经验积累和证据支持。世界一流大学建设不仅可以服务国家战略、促进社会经济发展，而且还能为家庭和个人带来福祉。因此，无论是对国家发展还是对个人发展，无论基于政策意蕴还是基于现实需求，我国建设世界一流大学都具有十分重要的意义和价值。在世界一流大学建设进程中，我国大学需要关注一流人才培养的社会适应性，关注毕业生的成长和发展，立足当前，着眼未来，实现人才的自我发展和社会贡献。

陈　沛
2020 年 2 月

目 录

第一章
绪　论

第一节　研究背景与理论基础

一、时代背景

进入知识经济时代以来,全球企业展开了更加激烈的人才争夺战。在这一场域的角逐中,企业高层管理者(简称"企业高管")就像是竞技体育中的"明星选手",成为各家"职业俱乐部"关注的焦点。作为职业经理人,企业高管不仅担任公司重要职务,负责日常经营活动,掌握组织核心信息,而且参与战略制定和重大问题决策,为企业自身和全球经济发展带来了重要影响。虽然不同组织选拔高管的方式不尽相同,但在具有现代意义的企业中,高管多为颇有建树的贤能之士,与其他员工相比,其能力往往更胜一筹。鉴于其优秀的业务能力和卓越的管理水平,企业会向高管人员提供丰厚的薪酬,以对应其能力价值;高管也通过创造更好的工作绩效来回报企业对其能力价值的认可。

随着全球上市公司高管信息披露制度的实施,企业高管的部分人口背景信息已然向投资者乃至社会公众开放。在企业高管的诸多人口背景信息中,教育背景不仅能够反映企业高管的知识储备和专业技能,而且可以在一定程度上体现其应对经营风险和处理复杂问题的决策能力。[1] 企业高管的学位层次是其认知能力的写照;企业高管的学科背景是其专业能力的反馈;企业高管的海外学位是其国际视野的展现;企业高管的行业归属和出生年代刻画了外部环境对教育

---

[1] HAMBRICK D C, MASON P A. Upper Echelons: The Organization as a Reflection of Its Top Managers[J]. The Academy of Management Review, 1984, 9(2): 193–206.

背景的映像。更为重要的是,企业高管的毕业院校背景交织在以上元素当中,凸显出高等教育带给这一精英群体的现实印记,透视着大学在社会经济发展过程中的人才贡献情况。因此,从某种意义上说,企业高管的教育背景成为联结高等教育界与商业界的"桥梁"。

二、实践背景

在过去的几十年里,世界一流大学(World-class University)成为备受高等教育领域关注的热门概念。世界一流大学渐渐从一个"新词"变成"热词",占据了教育学术期刊的大量版面。虽然学界总是对这一词汇的内涵和外延争论不休,甚至时至今日,学者们仍旧众说纷纭,莫衷一是,但是,抛开那些似是而非的说辞,世界一流大学早已成为全球各国发展高等教育的重要议题。许多国家和地区都开展了世界一流大学的建设计划,有政府推动的,也有高校自发的。然而,无论这样或那样的"世界一流大学"以何种姿态出现,公认的观点在于,世界一流大学不是自诩的,而是通过竞争和比较来产生的。[①] 随着全球大学排名的兴起,世界一流大学也在方法论上得到了一定程度的鉴别与归类。不过,受限于数据来源和指标设计,以及那些在社会科学领域难以处理的价值判断问题,依据大学排名划定的"一流"标准似乎依然存在诸多流弊和缺憾。[②] 尽管如此,全球大学排名还是能够为研究世界一流大学提供参照。特别是在量化研究中,全球大学排名的存在使得世界一流大学成为一个具有操作性的概念。就具体指标而言,全球大学排名基本围绕高等教育的三大功能——人才培养、科学研究和社会服务展开评价。遵循的逻辑是,世界一流大学需要一流的人才培养、一流的科学研究和一流的社会服务。

一流的人才培养是世界一流大学的重要使命,但由于人才培养兼具过程性与结果性于一身,这一指标在排名体系和量化研究中最难测度。世界大学学术排名(ARWU)采用校友指标(Alumni),以获得国际学术奖项的毕业生数量,从人才培养的输出端对大学的人才培养能力进行评价。这一评价方法的优势在于客观性、可量化性和全球可比性,揭示了由大学产生的学界一流人才。不过,一

① SALMI J. The Challenge of Establishing World-Class Universities[M]. Washington, DC: World Bank, 2009: 15.

② HAZELKORN E. Reflections on a Decade of Global Rankings: What We've Learned and Outstanding Issues[J]. European Journal of Education, 2014, 49(1): 12 - 28.

流人才还同时分布于政界、商界等其他领域。按照这一思路,代表商界一流人才的企业高管也可作为反映大学人才培养能力的一项指标。从客观性看,企业高管并非由学术机构或学术系统选拔,其任命方式由第三方组织完成,实现了评价上的"价值中立";从可量化性看,在确定企业数量和市场边界后,如果掌握毕业院校信息,高管数量就有限可数;从全球可比性看,但凡企业参与全球市场的商业活动,高管的身份属性和职责范围就具有全球意义。最后,从从属关系看,教育背景是企业高管的身份标识。因此,在人才培养的评价体系中,企业高管的教育背景能够反映大学培养一流人才的能力,强化一流的人才培养与世界一流大学之间的关系。

三、理论基础

教育收益是教育经济学领域的核心议题之一,分为教育的个人收益和社会收益。若只考虑个体经济收益,教育收益则可转化为教育对个人收入的影响问题。对此,人力资本理论和信号筛选理论给出了不同的解释:人力资本理论认为,教育能够增强个人认知水平,从而提高劳动生产能力或资源配置能力,最终对个人收入产生正向影响,实现其经济价值。[①] 信号筛选理论认为,教育本身具有筛选器的作用,它能够将高能力的人和低能力的人区分开来,使高能力者通过获得更好的文凭向劳动力市场发送信号,从而取得更高的个人收入,实现其经济价值。[②] 对于这两种理论,前者强调的是教育的生产性功能,后者推崇的是教育的信息性功能,一个实现的是"教育"的经济价值,另一个则实现的是"文凭"的经济价值。不过,由于能力本身难以测量,教育究竟在个人发展过程中起到何种作用,两大理论始终争执不下,但近些年又有相互融合的趋势:[③]双方基本都会承认教育对个人收入的正向作用,只是对于教育更多的是侧重提高实际生产能力还是传递信息存有分歧。另外,劳动力市场分割和社会化因素也可能对个人收入造成影响。在不同的市场环境中,个人收入可能受到外部因素的限制,使得教育的作用出现弱化。同样,家庭资源和社会资本也可能导致个人工作选择的差

---

① SCHULTZ T W. Investment in Human Capital[J]. The American Economic Review, 1961, 51(1): 1-17.
② SPENCE M. Job Market Signaling[J]. The Quarterly Journal of Economics, 1973, 87(3): 355-374.
③ PSACHAROPOULOS G. Returns to Education: A Further International Update and Implications[J]. The Journal of Human Resources, 1985, 20(4): 583-604.

异,进而影响个人收入。总而言之,个人收入的形成机制里承载了太多复杂而模糊的前置因素,以至于无论怎样论及教育对收入影响这一议题,总是会招致不同学科视角的质疑与评判。

作为商界的一流人才,企业高管具有较高的收入和个人能力。在劳动力市场中,企业高管的个人收入由薪酬、股权、期权等多种形式构成,其中薪酬是其最主要和最稳定的收入来源。如果说先天禀赋和后天习得(教育、培训、工作经验等)共同形成了企业高管的个人能力,那么薪酬收入可被视为对企业高管能力的货币化评估。具体说来,在进入劳动力市场前,企业高管(毕业生)的个人能力受到遗传、家庭、社会环境等多种复杂因素影响,并通过正规的学校教育加以内化和形塑,最终实现价值增值。然而,这种能力只能被称作"理论上的能力",因为它尚未被饱含竞争和供求关系的市场所检验。在进入劳动力市场后,企业高管(毕业生)的个人能力在某些领域以经济方式进行转化,成为一种"被认可的能力"(这里暂且不去论及培训的作用)。这种"被认可的能力"反映的并非是企业高管的绝对财富,而是他们在劳动力市场中的相对位置。[①] 因此,虽然我们无法实际测量企业高管的能力水平,却可以将薪酬收入作为其相对位置的代理变量,测量企业高管的教育收益。

企业高管多为毕业多年的杰出人才,从个人收益的视角看,教育特别是大学教育不仅在其人力资本积累过程中发挥着重要作用,而且会产生一定的"时滞"影响。随着劳动力市场对企业高管个人能力的不断解读,教育背景的信息性功能不断衰减,而生产性功能得以凸显,并在劳动力市场分割中展现出异质性作用。在此背景下,本书遵循人力资本理论的基本假设,尝试分析不同条件和外部环境中企业高管教育收益的变化,探寻一流大学带来的经济价值。

第二节　研究问题与研究意义

一、问题提出

高等教育具有多重价值,其中有非经济价值,也有经济价值。高等教育的经

---

① SAKAMOTO A, CHEN M D. The Effect of Schooling on Income in Japan[J]. Population Research and Policy Review, 1992, 11(3): 217-232.

济价值体现在高等教育投资能够为社会经济发展带来回报,形成一定的货币化收益。世界一流大学建设也是高等教育投资的一种方式。这种投资不仅可以带动相关产业的发展,促进社会收益的增加,还有可能为受教育者带来个人收益。

常言道,"英雄不论出处"。就毕业院校背景而言,一流的人才并非都接受过一流的大学教育,也并非都毕业于公认的"一流大学"。与一流大学毕业生相比,那些来自普通大学又能拥有较高职业成就的一流人才同样具有很强的个人能力。那么在同样"一流"的毕业生群体之中,究竟是一流大学毕业生还是普通大学毕业生能够在劳动力市场中获得更高的教育收益? 本书选取代表商界一流人才的企业高管,试图测量一流大学带来的教育收益,由此提出以下问题。

核心问题:一流大学学位对企业高管收入具有何种影响? 企业高管教育收益中是否存在"一流大学效应"?

这一问题可以分解为五个子问题:

第一,在学士、硕士和博士学位层次中,一流大学学位是否对企业高管收入增加具有正向作用? 在哪个学位层次中的作用最大?

第二,一流大学学位对于企业高管收入的影响在不同学科当中是如何体现的?

第三,海外大学学位和一流大学学位能否共同促进企业高管收入的增加?

第四,不同行业企业高管的一流大学效应存在何种差异?

第五,不同出生年代企业高管的一流大学效应存在何种差异?

二、研究意义

研究一流大学在企业高管教育收益中的影响具有一定的理论意义和实践意义。在理论意义方面:① 丰富了人力资本理论的相关研究,通过量化数据验证人力资本在企业高管教育收益中的作用,并以一流大学教育背景作为切入点,分析不同类型人力资本在企业高管这一特定劳动力市场中的表现方式;② 从毕业生职业发展和个人收益的角度出发,对世界一流大学建设的相关研究进行有益补充,提出了"一流大学效应"这一新概念。在实践意义方面:① 测量一流大学学位对企业高管收入的影响,以学位层次、学科背景和海外学位作为分析教育收益的几个维度,同时考虑到行业和时代两大外部因素,论证一流大学的收入效应;② 在我国建设世界一流大学和世界一流学科的背景下,为这一政策的合理性提供经验积累和证据支持。

第三节　相关概念界定

一、企业高管

企业高管一词来自管理学领域,具有一定的职业属性。通常意义上讲,"企业"划定了这一人群的工作场所,比较明确地限定了指代对象的组织边界。但是"高管"却存在一定的模糊性,其指代对象并不明确,可以解读为"高层管理人员",或者"高级管理人员"。从概念范畴上看,广义的企业高管包括高管、董事、监事等上市公司年报中显示的全部重要人员,涵盖人员较为广泛,且对于不同的企业组织架构可以有不同的理解,甚至有时在部分文献中被冠以"董监高"之称谓;狭义的企业高管仅指企业董事会当中拥有直接决策权、能够制定企业战略的高层管理人员,其级别大概在副总裁或副总裁(副总经理)以上的职位,属于较为资深的高层管理人员,比如企业的首席执行官等职业经理人。

本书从研究可得的实际样本出发,界定企业高管为企业官方网站或上市公司年报中显示的全部高层管理人员,包括首席执行官(Chief Executive Officer)、总裁(President)、执行主席(Executive Chairman)、总经理(General Manager)、首席财务官(Chief Financial Officer)、首席信息官(Chief Information Officer)、首席投资官(Chief Investment Officer)、首席法律顾问(Chief Legal Officer)、首席运营官(Chief Operating Officer)、首席工程师(Chief Technology Officer)、副总裁(Vice President)、副总经理(Deputy General Manager)等人员。采样范畴为全球营业收入排名前 10 000 位的企业。因此,本书书名中的"企业高管"亦指全球万家企业高管。

二、教育背景

教育背景是一个日常性而非规定性概念,是人口统计学研究常常提及的一项要素。在高等教育领域,大学校长的教育背景、学系主任的教育背景、高被引科学家的教育背景、具有人才称号的杰出教授的教育背景、辅导员的教育背景等都曾得到剖析与解读。作为大学培养出的一流人才,企业高管属于大学杰出校友,其教育背景也受到了一定程度的关注。由于本书重点考察一流大学学位对企业高管收入的影响,因而研究中涉及的教育背景特指高等教育背景,主要针对企业高管个人履历中出现的学位层次、学位类型、学科背景、毕业院校等信息。基于已有数据,本书选取学位层次、学科背景和海外学位三个维度,来论证一流大学学位对企业高管收入的影响,并测量了企业高管教育收益中是否存在"一流大学效应"。

三、教育收益

教育收益有着广义和狭义的界定方法。

广义的教育收益指的是教育能给个人或他人带来的各种直接的或间接的好处。"收益"可以从字面意思理解成"收到的益处"。经济学谈"收益"往往有着一定的市场语境,因此,在教育经济学领域,"教育收益"给人的直观感受就是教育的经济价值或市场价值。那么为什么说教育收益能给个人或"他人"带来好处?这是因为在经济活动或经济行为中,教育有其正的外部性。个人接受教育不仅会给自身带来好处,还能对社会产生间接影响。这种影响大多又是有利于社会进步的,如经济的发展、道德水平的提升、社会责任的强化等。同时,"各种好处"强调教育带来的诸多好处不一定反映在货币指标上,也可能是非货币化的影响。

狭义的教育收益指的是教育对个人收入的增减影响。为什么叫"增减"影响? 因为从投资的角度说,任何收益可能是正的也可能是负的,教育也不例外。与广义的教育收益相比,狭义的教育收益更易于测量。本书主要采用狭义的教育收益,即教育背景对企业高管收入的影响。

四、一流大学

一流大学特指世界一流大学,具有全球可比的价值和意义。然而,一流大学又是一个相对模糊的概念,没有约定俗成的标准。在实证研究中,全球大学排名为选取一流大学提供参考。早在 2003 年,为找寻我国大学与世界一流大学的差距,世界大学学术排名(ARWU)就通过全球可比的量化指标,形成了较为客观和可操作的评价体系。紧随其后,英国的《泰晤士高等教育》副刊(THE)和 QS 公司在次年发布了另一份全球大学排名。虽然后来《泰晤士高等教育》与 QS 分道扬镳,但 ARWU、QS 和 THE 排名的全球影响力却受到了一致认可。2014年,《美国新闻与世界报道》最佳全球大学排名(USNews)横空出世,成为第四个具有一定影响的全球性排名。根据量化研究特点,本书采用操作性定义,博采众长,选取世界大学学术排名(ARWU)、QS 全球大学排名、《泰晤士高等教育》世界大学排名(THE)、《美国新闻与世界报道》最佳全球大学排名(USNews)等四个有较大国际影响力的大学排名作为一流大学的选样依据,并规定进入以上四个大学排名中任意一个大学排名前 100 位的大学为一流大学,未进入前 100 位的大学为普通大学。

五、一流大学效应

"效应"是一种程度概念,与"影响大小"有关,一般是对某种现象的描述,但也用具体数值衡量。本书中的一流大学效应指的是一流大学教育背景对企业高管收入的影响,是一流大学学位对收入影响大小的测量,亦是"一流大学收入效应"的简称。一流大学效应体现出一流大学教育背景在企业高管教育收益中的"溢出"作用。

第四节　章节安排与主要创新

一、章节安排

在企业高管拥有的不同学位中,一流大学学位可能对企业高管收入产生一定影响。围绕这一主题,本书通过不同维度的划分方法,针对企业高管的教育背景展开讨论,基于较大的样本量和数据量,试图找寻一流大学与企业高管收入之间的关系,分析不同条件和情境下的企业高管教育收益,以此说明一流大学的经济价值。全书结构如下:

第一章为绪论,从选题背景切入,主要包括企业高管与大学人才培养关系的时代背景、一流大学与一流人才培养关系的实践背景以及高等教育收益的理论背景。接下来,引出研究问题,阐释研究意义,并对相关核心概念加以界定。最后,介绍全书的章节安排和主要创新点。

第二章为文献综述,重点从企业高管教育背景概述、企业高管教育背景与一流大学的关系以及一流大学的教育收益等几方面进行梳理,并对已有文献的不足之处进行整合,提出本书的研究目标。

第三章为研究方法,首先从宏观方法论的角度论证量化方法在本书中的适切性。其次,根据具体的研究目标,运用履历分析法详述数据采集和处理过程。再次,基于明瑟收入方程,运用计量分析法构建相关模型。最后,如实指出了本书在研究方法方面存在的局限和不足。

第四章到第六章从学位层次、学科背景和海外学位三个维度论证了一流大学学位对企业高管收入的影响。第四章以明瑟收入方程为基础,通过加入不同学位层次的毕业院校质量,分别测量一流大学学士学位、硕士学位和博士学位对企业高管收入的影响,验证大学排名作为毕业院校质量测量工具的有效性,分析不同类型人力资本在教育收益中的应用。第五章测量了不同学科背景对企业高管收入的影响,分析了特定学科背景下一流大学学位的收入效应;测量了学科背景对不同收入水平企业高管的影响,并分析其一流大学效应。第六章就海外大学学位和一流大学学位对企业高管收入的共同影响进行讨论,通过拆分美国企业、其他发达国家企业和发展中国家企业样本,使用交互变量验证了海外大学学位的调节作用。

第七章和第八章从企业高管所处的外部环境入手,以行业视角和时代视角测量企业高管教育收益中的一流大学效应,同时作为全书总体结论的稳健性测试。

第九章为结论与研究展望,凝练了前述章节的内容,同时也对现有研究不足进行讨论,提出未来研究的希冀。

二、主要创新

一流大学建设是高等教育领域的热点议题,但鲜有研究对一流大学的经济价值展开测量和讨论。本书尝试对这一问题进行研究,主要有以下两点创新:

第一,首次明确提出“一流大学效应”这一概念,并通过实证研究验证了企业高管教育收益中的“一流大学效应”。

第二,采用大样本数据和计量模型对企业高管的学位层次、学科背景、海外学位等教育背景与个人收入之间的关系进行判断,研究视角新颖。

第二章
企业高管教育收益相关研究

第一节　企业高管教育背景的相关研究

一、学位层次研究

自高层梯队理论提出以来，企业高管的教育背景特征受到管理学领域的特别关注。该理论认为，教育背景特征，特别是教育程度能够反映企业高管理解、判断、加工信息的认知能力，从而对企业经营绩效和组织变革等产生潜在影响。[①] 按照这一理论，代表企业高管教育程度的学位层次就显得格外重要，因为这种看似"标签化"的个人外部特征可能间接影响企业甚至整个行业的发展趋势。[②] 在20世纪90年代，战略管理领域的研究者普遍认为，高管较高的教育程度（学位层次）将对任职企业影响深远。如赫提（Hitt）和泰勒（Tyler）就认为，就管理者个人特质而言，反映企业高管认知能力的教育程度（学位层次）会影响企业战略选择和未来发展。[③] 维尔塞马（Wiersema）和班特尔（Bantel）也指出，拥有较高学位的企业高管具有较高层次的认知能力，这种教育优势可以转化为创新理念，有助于企业战略变革。[④] 在实证研究方面，贝格利（Begley）通过对239位首席执行官进行问卷调查，发现在那些规模小、非制造业、高收益的企业中，企

① HAMBRICK D C, MASON P A. Upper Echelons: The Organization as a Reflection of Its Top Managers[J]. The Academy of Management Review, 1984, 9(2): 193 - 206.
② ZAHRA S A, PEARCE J A. Boards of Directors and Corporate Financial Performance: A Review and Integrative Model[J]. Journal of Management, 1989, 15(2): 291 - 334.
③ HITT M A, TYLER B B. Strategic Decision Models: Integrating Different Perspectives[J]. Strategic Management Journal, 1991, 12(5): 327 - 351.
④ WIERSEMA M F, BANTEL K A. Top Management Team Demography and Corporate Strategic Change[J]. The Academy of Management Journal, 1992, 35(1): 91 - 121.

业成立时间越短、企业高管的学位层次也相应越低。[①] 反过来说，就那些规模较大的制造业企业而言，高管或许需要更高的学位层次和更好的教育背景。戈尔（Goll）、布朗（Brown）和拉希德（Rasheed）针对 1972 年至 1995 年间美国航空业企业高管人口统计学信息进行研究，发现在航空业管制阶段（1972—1978 年），人口统计学总体特征对企业战略影响不显著，但企业高管的平均学位层次对企业绩效影响明显；在航空业非管制阶段（1979—1992 年），平均学位层次更高的企业高管团队更加强调多元化经营战略，取得了更好的绩效收益。[②] 由此看来，学位层次这一指标对企业遴选高层管理者意义非凡。在具体的关于企业高管学位层次的论述中，丁（Ding）对美国证券交易所上市的 512 所生物技术类企业调查后发现，拥有博士学位的企业高管更倾向于选择"公开科学"的企业战略，而且在一定程度上，博士学位有助于抑制"公开科学"所带来的组织环境风险。[③] 博士学位对企业高管的特殊意义也被加以关注。马特利（Martelli）和埃布尔斯（Abels）对美国《福布斯》杂志公布的全球 500 强企业高管的教育背景进行统计，发现约占九成的企业高管拥有学士学位，且超过半数的企业高管拥有硕士学位，而拥有较高学位的企业高管在全部企业高管中所占比例正随着年代的迫近而显著上升。[④] 显然，在当今竞争激烈的现代企业环境下，较高的学位层次（高学历）已然成为企业高管的身份象征，学位层次的重要性得到了经验上的验证。我国学者同样支持学位层次（学历）反映企业高管认知能力的观点。李春涛和孔笑微利用企业经营绩效指标托宾 Q 对 1999 年到 2003 年间中国上市公司数据进行实证研究，发现企业高管的整体教育水平与企业经营绩效之间存在显著的正相关关系。研究表明，教育的市场回报率在市场经济发达程度不同的地区表现出不同程度的显著性。经济发达地区上市公司高管整体教育水平对企业绩效的作

① BEGLEY T M. Using Founder Status, Age of Firm, and Company Growth Rate as the Basis for Distinguishing Entrepreneurs from Managers of Smaller Businesses [J]. Journal of Business Venturing, 1995, 10(3): 249 - 263.

② GOLL I, BROWN J N, RASHEED A A. Top Management Team Demographic Characteristics, Business Strategy, and Firm Performance in the US Airline Industry: The Role of Managerial Discretion[J]. Management Decision, 2008, 46(2): 201 - 222.

③ DING W W. The Impact of Founders' Professional-Education Background on the Adoption of Open Science by For-Profit Biotechnology Firms[J]. Management Science, 2011, 57(2): 257 - 273.

④ MARTELLI J, ABELS P. The Education of a Leader: Educational Credentials and Other Characteristics of Chief Executive Officers[J]. Journal of Education for Business, 2010, 85(4): 209 - 217.

用更加显著。① 张兆国、刘永丽和谈多娇的研究显示,我国上市公司高管平均具有本科以上学历,即学士以上学位,而学位层次越高的企业高管处理信息的理性程度越高、认知能力越强。② 姚振华和孙海法提出,教育反映了企业高管的认知能力和专业技能,企业高管平均学位层次对企业长期绩效的作用十分突出。③另一方面,对企业高管而言,学位层次也是教育背景乃至人力资本的重要组成要素。陈香兰(Chen Hsiang-Lian)对中国台湾地区上市的 271 家电子企业中的 813 位高管进行考察,发现企业高管的学位层次与企业研发投入之间具有显著的正相关关系,并提出学历水平(学位层次)是企业人力资本的重要衡量标准,特别是对于研发型企业而言,聘用较高学位的人才作为企业高管,能够对经营活动具有积极的现实意义。④ 杨风、李卿云和吴晓晖的研究则发现,企业高管团队成员的学位层次越高,越有利于研发投资,而董事长的学位层次越高,越有助于对创新机会的识别与判断。⑤ 综合来看,学界普遍认可学位层次对企业高管认知能力的代理功能,通过对高管团队成员的学位层次与组织绩效的相关性进行考察,发现较高的团队学位层次(平均学历水平)能够在一定程度上促进企业战略和优质绩效的实现。从人力资本积累的角度看,管理层学位层次的提升有利于企业的长远发展。然而,这些研究大多局限于组织发展层面,对于高管个人人力资本收益的探讨还相对缺乏。

二、学科背景研究

企业高管的学科或专业背景特征受到部分学者关注,但研究领域相对比较分散。这些研究主要聚焦行业议题,分布在金融、信息技术、石油天然气等领域。早在 20 世纪末,沙维利尔(Chevalier)和埃里森(Ellison)就提出基金管理

① 李春涛,孔笑微.经理层整体教育水平与上市公司经营绩效的实证研究[J].南开经济研究,2005,(1):8-14.
② 张兆国,刘永丽,谈多娇.管理者背景特征与会计稳健性——来自中国上市公司的经验证据[J].会计研究,2011,(7):11-18.
③ 孙海法,姚振华,严茂胜.高管团队人口统计特征对纺织和信息技术公司经营绩效的影响[J].南开管理评论,2006,(6):61-67.
④ CHEN H-L. Board Capital, CEO Power and R & D Investment in Electronics Firms[J]. Corporate Governance: An International Review, 2014, 22(5): 422-436.
⑤ 杨风,李卿云,吴晓晖.上游威胁、管理者背景特征与研发投资——基于创业板上市公司的经验证据[J].经济经纬,2016,(5):102-107.

者的专业背景与其行业表现存在较大关系。① 随后，不同学者开展了多项有关企业高管学科背景特征的研究。在涉及银行业高管的相关研究中，鲍尔塔（Balta）、伍兹（Woods）和迪克森（Dickson）对希腊银行高管的研究发现，如果企业高管具有同质性的学科背景，那么受到聘用的可能性就会降低。② 此外，提翰伊（Tihanyi）等还曾对企业高管的学科背景进行分类，旨在考察高管团队的人口背景特征与企业国际化经营决策的关系。③ 商科和法学相关背景一直被认为对企业高管的职业发展有所裨益。尤西姆（Useem）和卡拉贝尔（Karabel）对美国大型企业的研究发现，商科和法学背景能够大大增加晋升为企业高管的可能性。④ 卡拉米（Karami）、阿纳罗伊（Analoui）和卡巴泽（Kakabadse）对 132 位英国电子信息类企业高管的问卷调查显示，具有管理学背景的企业高管更倾向于制定长期战略发展规划。⑤ 斯拉特（Slater）和迪克森富勒（Dixon-Fowler）以标准普尔 500 上市企业为样本，对首席执行官的商科教育背景（MBA）与企业环境绩效的关系予以考察。实证研究表明，MBA 教育背景与企业环境绩效具有一定的相关性，但 MBA 项目的院校排名与企业环境绩效则没有关联。作者同时回应了学界对 MBA 教育的批评，认为 MBA 教育可以带来社会收益。⑥ 林道夫（Lindorff）和琼森（Jonson）针对澳大利亚 ASX200 上市公司中的首席执行官，就商科教育背景（MBA）与公司投资回报之间的关系展开研究。结果发现，接受 MBA 教育与否同公司 3 年期和 5 年期的投资回报均无相关关系。由此，作者认为，过度强调首席执行官的 MBA 教育背景对上市公司发展并无益处。⑦ 伯克特（Burkert）和卢

① CHEVALIER J, ELLISON G. Are Some Mutual Fund Managers Better than Others? Cross-Sectional Patterns in Behavior and Performance[J]. The Journal of Finance, 1999, 54(3): 875 - 899.

② BALTA M E, Woods A, Dickson K. The Influence of Boards of Directors' Characteristics on Strategic Decision-making: Evidence from Greek Companies[J]. Journal of Applied Business Research, 2010, 26(3): 57 - 68.

③ TIHANYI L, ELLSTRAND A E, Daily C M, Dalton D R. Composition of the Top Management Team and Firm International Diversification[J]. Journal of Management, 2000, 26(6): 1157 - 1177.

④ USEEM M, KARABEL J. Pathways to Top Corporate Management[J]. American Sociological Review, 1986, 51(2): 184 - 200.

⑤ KARAMI A, ANALOUI F, KAKABADSE N K. The CEOs' Characteristics and Their Strategy Development in the UK SME Sector: An Empirical Study[J]. Journal of Management Development, 2006, 25(4): 316 - 324.

⑥ SLATER D J, DIXON-FOWLER H R. The Future of the Planet in the Hands of MBAs: An Examination of CEO MBA Education and Corporate Environmental Performance[J]. Academy of Management Learning and Education, 2010, 9(3): 429 - 441.

⑦ LINDORFF M, JONSON E P. CEO Business Education and Firm Financial Performance: A Case for Humility Rather than Hubris[J]. Education and Training, 2013, 55(4/5): 461 - 477.

埃克(Lueg)对德国企业高管进行问卷调查,探讨了企业高管教育背景对企业价值的影响。他们发现在德国企业中,首席执行官的教育背景对企业价值没有显著影响,而首席财务官的教育背景则影响显著。在首席财务官中,商科或经济学背景与企业价值管理具有更高的相关性。由此看出,由学科背景反映的企业高管认知差异会对企业经营产生较大影响。① 在信息技术行业,菲利普斯(Phillips)和考特(Cotter)对澳大利亚最大的 100 家企业中的 786 名执行董事和非执行董事专业背景进行研究,他们发现首席执行官比其他高管人员具有更强的技术性专业背景。不过就总体而言,澳大利亚大型企业的高管大多不具有技术性专业背景,其中具有商科学士学位的企业高管人数较少,而具有文科学士学位的人却比比皆是。由此,研究者提出应该重视影响企业决策的管理者们的学科背景,让“最专业的人去做最专业的事”,改善澳大利亚企业的管理层结构。② 卡特(Carter)、格罗弗(Grover)和塞彻(Thatcher)探讨了企业首席信息官的技术性学科背景与企业商业战略之间的关系。他们认为,技术性教育背景并非能直接增强企业竞争力和技术变革,但这种学科背景能够潜移默化地激发企业高管的内部领导力,起到加强组织成员联络、实现决策职能分配的作用。③ 黎(Lim)、斯特拉托普洛斯(Stratopoulos)和沃简托(Wirjanto)以信息技术类高管为研究对象,分析了企业的信息技术外部声誉与高管在企业内部权力提升之间的互惠关系。作者通过对美国 1329 家企业信息技术类高管考察,发现信息技术相关专业背景能够影响利益相关者对企业外部形象的认知。④ 在石油天然气行业,伊克巴尔(Iqbal)指出,企业高管的专业背景与石油天然气企业的未来发展紧密相关,而在这些企业中,首席执行官是否具有石油相关专业背景更是直接决定其任职企业的风险投资能力。⑤ 除此之外,黄(Huang)认为企业高管的学科背景对企业社会责任具有

① BURKERT M, LUEG R. Differences in the Sophistication of Value-based Management-The Role of Top Executives[J]. Management Accounting Research, 2013, 24(1): 3 - 22.
② PHILLIPS P J, COTTER J. The Technostructure Gap: The Educational Qualifications of Executive and Non-executive Directors. Corporate Ownership and Control, 2010, 7(4): 102 - 113.
③ CARTER M, GROVER V THATCHER J B. The Emerging CIO Role of Business Technology Strategist[J]. MIS Quarterly Executive, 2011, 10(1): 19 - 29.
④ LIM J-H, STRATOPOULOS T C, WIRJANTO T S. Sustainability of a Firm's Reputation for Information Technology Capability: The Role of Senior IT Executives[J]. Journal of Management Information Systems, 2013, 30(1): 57 - 96.
⑤ IQBAL Z. CEO Age, Education, and Introduction of Hedging in the Oil and Gas Industry[J]. Journal of Economics and Finance, 2015, 39(1): 189 - 200.

一定影响。通过实证数据,作者考察了具有不同学科背景的企业高管与企业社会责任绩效之间的关系,结果发现,具有理学硕士学位和工商管理硕士学位的企业高管更有助于企业社会责任的实现。[①] 学科背景能够体现企业高管所具备的专业知识与技能,也能识别企业高管的人力资本差异。当前研究大多局限在特定行业中考察企业高管的学科背景特征。如将现有研究背景进行归纳,主要涉及企业高管的文科、商科、法学、理学、工学五大学科背景。

三、海外学位研究

随着经济全球化的日益深化,海外学位对个人发展的影响备受关注。关于海外学位对毕业生影响的研究最早要追溯到 20 世纪 70 年代末。在教育经济学领域,鲍尔(Ball)和奇克(Chik)在马来西亚的研究发现,拥有海外学位的毕业生在入职后的短期并未体现出教育收益上的优势。[②] 德梅特里利亚迪斯(Demetriades)和萨卡罗普洛斯(Psacharopoulos)在塞浦路斯的研究发现,与拥有希腊大学学位的毕业生相比,拥有美国和英国大学学位的毕业生在该国劳动力市场会获得更高的教育收益率。[③] 近年来,有学者开始关注企业高管的海外学位背景。代表性研究如达尔玛迪(Darmadi)针对印度尼西亚企业高管教育背景与绩效关系的分析。作者认为,大企业青睐聘任拥有海外学位的高管,特别是在像印度尼西亚这样的发展中国家,企业高管的海外学位或许具有更为重要的意义。然而,实证结果表明,这些拥有海外学位的高管未能对企业绩效产生正向影响。[④] 维诺格拉多夫(Vinogradov)和科尔沃雷德(Kolvereid)在挪威的研究也发现,企业高管的海外学位与其职业发展关联度不高。[⑤] 在我国,支持这一观点的还有何韧、王维诚和王军。他们的实证结果显示,在高管长期所处的同一企业中,海外背景

① HUANG S K. The Impact of CEO Characteristics on Corporate Sustainable Development [J]. Corporate Social Responsibility and Environmental Management, 2013, 20(4): 234-244.

② BALL R, CHIK R. Early Employment Outcomes of Home and Foreign Educated Graduates — The Malaysian Experience[J]. Higher Education, 2001, 42(2): 171-189.

③ DEMETRIADES E, PSACHAROPOULOS, G. Education and Pay Structure in Cyprus. International Labour Review[J].1979, 18(1): 103-112.

④ DARMADI S. Board Members' Education and Firm Performance: Evidence from a Developing Economy[J]. International Journal of Commerce & Management, 2011, 23(2): 113-135.

⑤ VINOGRADOV E, KOLVEREID L. Cultural Background, Human Capital and Self-employment Rates Among Immigrants in Norway[J]. Entrepreneurship & Regional Development, 2007, 19(4): 359-376.

与企业绩效呈显著负相关关系。[1] 也就是说,海外大学学位非但不能促进企业绩效的增加,反而可能阻碍企业的长期发展。

不过,企业高管的海外大学学位也并非毫无益处。从积极的角度看,高管的海外教育经历能够拓宽企业经营视野,促进技术创新。例如,罗思平和于永达的研究表明,在我国光伏企业中,具有海外教育经历的企业高管可以对技术创新和专利保护产生积极作用。[2] 詹内蒂(Giannetti)等人的研究则认为海外企业高管可以通过国际化的经营方式有效提升企业绩效。[3] 简而言之,海外学位对企业高管的意义尚不明晰。同时,以往研究大多针对海外学位对企业发展的影响,较少涉及对企业高管个人发展的影响。此外,在发达国家和发展中国家,海外大学学位对企业高管分别具有怎样的价值? 这一问题目前还没有得到一致性的结论,需要通过研究进行进一步判断。

四、已有研究评述

从已有研究来看,企业高管的教育背景主要可以从学位层次、学科背景和海外学位三个方面展开讨论。就学位层次看,高层梯队理论为学历水平对认知能力的代理作用提供依据。这部分文献最为丰富,是学者们开展研究的主要战场。多数学者认为,企业高管的较高学位层次能够促进企业经营绩效的增加,甚至有助于企业战略变革、社会责任的实现等。但是,高层梯队理论侧重对学位层次在组织层面的考察,即强调高管团队成员的平均受教育水平对企业绩效具有一定影响。相关文献还较少就学位层次对企业高管个人发展进行分析,关注人力资本的积累过程多于人力资本的转化结果。就学科背景看,与企业经营活动关系密切的商科备受瞩目。不过,除商科背景外,仅有少数文献涉及文科背景的探讨,工学、农学、医学等学科背景与企业高管的关系研究也相对不足。同时,不同的学科背景也将导致个体层面的人力资本差异,进而影响到企业高管的个人发展。以往研究重点关注学科背景在企业高管遴选、晋升以及组织领导力等方面

① 何韧,王维诚,王军.管理者背景与企业绩效:基于中国经验的实证研究[J].财贸研究,2010,(1): 109 - 118.
② 罗思平,于永达.技术转移、"海归"与企业技术创新——基于中国光伏产业的实证研究[J].管理世界, 2012,(11): 124 - 132.
③ GIANNETTI M, LIAO G, YU X. The Brain Gain of Corporate Boards: Evidence from China[J]. The Journal of Finance, 2015, 70(4): 1629 - 1682.

的作用,较少论及学科背景对个人收益的影响。就海外学位看,已有研究对海外学位对企业发展的意义进行了初步探索,但海外学位对高管个人的实际价值尚待挖掘。综上所言,企业高管教育背景的相关研究大多还停留在组织层面。作为大学培养出的一流人才,企业高管的个人成长与其教育背景密切相连,探析二者之间的关系势在必行,因此个体层面的相关研究有待进一步开展。

第二节　企业高管毕业院校的相关研究

研究企业高管与一流大学之间的关系,需要重点关注企业高管的毕业院校背景。在这些研究中,有关企业高管毕业院校背景的探讨主要采用问卷调查和数据统计的方式进行。来自美国的研究者一般认为,企业高管的毕业院校并不存在十分明显的等级差异,而知名的大型企业高管更是大部分具有名校背景。加尔伯特(Jalbert)、劳(Rao)和加尔伯特(Jalbert)对 1987 年至 1996 年期间出现在福布斯杂志中的大型企业高管数据进行分析,发现大量企业高管拥有特定群体院校的学位背景,也就是说这些高管是由少数享有盛名的大学培养出来的。[1]耶恩(Jehn)和别兹鲁科瓦(Bezrukova)测量了美国 500 所信息类企业的高管教育背景,并由此分析毕业院校背景的多样性,结果发现,这些企业高管在毕业院校背景方面并不存在较大程度的差异。[2] 凯姆(Keim)对近百位美国知名企业的首席执行官进行邮件调查,了解到大部分企业高管曾在美国名校就读。[3] 亚当斯(Adams)等学者论述了女性企业高管学历背景中的毕业院校差异。他们对美国部分企业女性新任高管的毕业院校背景予以调查,发现大部分女性企业高管拥有名校的硕士学位,同时也具有良好的本科毕业院校背景。[4] 辛格(Singh)、泰耶森(Terjesen)和文尼科姆博(Vinnicombe)试图探究新任企业高管的毕业院校背景是否存在明显差异。他们在为期四年的 470 人数据中随机抽取 72 位男

① JALBERT T, RAO R P, JALBERT M. Does School Matter? An Empirical Analysis of CEO Education, Compensation, and Firm Performance[J]. International Business & Economics Research Journal, 2002, 1(1): 83 - 98.

② JEHN K A. A Field Study of Group Diversity, Workgroup Context, and Performance[J]. Journal of Organizational Behavior, 2004, 25(6): 703 - 729.

③ KEIM M C. Educational Consortium CEOs: Their Backgrounds and Career Ladders[J]. Educational Research Quarterly, 2003, 26(4): 22 - 36.

④ ADAMS S M, Gupta A, Haughton D M, Leeth J D. Gender Differences in CEO Compensation: Evidence from the USA[J]. Women in Management Review, 2007, 22(3): 208 - 224.

性和 72 位女性企业总裁,分析显示,取得 MBA 学位和毕业于名校是两类总裁的共同特征。而相比于男性总裁,女性总裁的毕业院校排名更为靠前,且毕业院校背景的相似程度更高。[①] 彼得森(Peterson)和菲尔伯特(Philpot)通过描述性统计呈现了美国 500 强企业中学者型高管的总体特征。这些企业高管几乎均毕业于美国排名靠前的顶尖名校,且在技术性行业的人数最多。[②] 霍尔(Hall)对美国和英国部分大学的 MBA 校友展开研究,证明企业高管获得的 MBA 学位存在一定的毕业院校背景相似性,而这种相似性往往又与高管任职企业具有密切关系。[③] 约瑟夫(Joseph)、奥卡西奥(Ocasio)和麦克唐纳(McDonnell)则以美国 250 家企业高管教育背景为例,揭示出高管人口背景的多样性特征,但并未证实毕业院校背景存在较为显著的差异。[④] 瓦伊(Wai)考察了美国联邦法院法官、富豪、企业高管等群体。他指出名校教育经历能够决定人们的认知发展水平,从而影响其职业成就。[⑤]

虽然企业高管大量毕业于名校(一流大学)这一观点已经获得了一定程度上的认可,但在欧洲地区,一部分研究者在选取不同的研究样本后,得出了与美国学者似乎相反的结论。卡拉米(Karami)、阿纳罗伊(Analoui)和卡巴泽(Kakabadse)考察了 132 家英国企业后发现,中小型企业高管的毕业院校背景存在比较大的差异。[⑥] 维诺格拉多夫(Vinogradov)和科尔沃雷德(Kolvereid)则认为,挪威企业中存在少量毕业于名校的移民高管,但他们的毕业院校背景对其职业发展影响较小。[⑦] 换言之,移民高管是由于教育之外的其他社会因素而最终

① SINGH V, TERJESEN S, VINNICOMBE S. Newly Appointed Directors in the Boardroom: How Do Women and Men Differ? [J]. European Management Journal, 2008, 26(1): 48-58.

② PHILLIPS P J, COTTER J. The Technostructure Gap: The Educational Qualifications of Executive and Non-executive Directors[J]. Corporate Ownership & Control, 2010, 7(4): 102-113.

③ HALL S. Educational Ties, Social Capital and the Translocal (Re)production of MBA Alumni Networks[J]. Global Networks, 2011, 11(1): 118-138.

④ JOSEPH J, OCASIO W, MCDONNELL M H. The Structural Elaboration of Board Independence: Executive Power, Institutional Logics, and the Adoption of CEO-only Board Structures in US Corporate Governance[J]. Academy of Management Journal, 2014, 57(6): 1834-1858.

⑤ WAI J. Investigating America's Elite: Cognitive Ability, Education, and Sex Differences [J]. Intelligence, 2013, 41(4): 203-211.

⑥ KARAMI A, ANALOUI F, KAKABADSE N K. The CEOs' Characteristics and Their Strategy Development in the UK SME Sector: An Empirical Study[J]. Journal of Management Development, 2006, 25(4): 316-324.

⑦ VINOGRADOV E, KOLVEREID L. Cultural Background, Human Capital and Self-employment Rates among Immigrants in Norway[J]. Entrepreneurship & Regional Development, 2007, 19(4): 359-376.

进入到本国知名企业的管理层的。费尔南德斯(Díaz-Fernández)、罗德里格斯(González-Rodríguez)和帕拉克(Pawlak)通过对西班牙 18 个行业 147 家企业高管团队成员的教育背景进行调查,发现企业高管的毕业院校背景具有多样性特征,而且这些学校的区域分布十分广泛。[①] 艾勒斯加德(Ellersgaard)、拉尔森(Larsen)和芒克(Munk)对比了英国、法国、德国和丹麦知名企业高管的毕业院校背景。他们认为,由于近年来丹麦高等教育质量的下滑,该国知名企业高管的教育背景已然不再具有竞争优势,甚至毕业于名校的高管比例正在逐步降低。[②]

出现以上两类不同观点主要源于研究样本的巨大差异。由于全球大型企业和一流大学大多分布于美国,美国研究者也往往会选取位于本国大型企业的首席执行官、总裁、董事等人员进行调查,因而他们通常得出企业高管毕业院校存在背景相似性和企业高管毕业于一流大学的研究结论。与之相反,部分欧洲研究者仅选取中小型企业或本国企业作为研究对象,加上西班牙、丹麦、挪威等国的大学本身就与美国的大学存在排名上的差距,欧洲研究者难以得出与美国研究者十分相似的结论。同时,由于不同地区具有完全不同的企业管理层晋升制度,因此企业高管的毕业院校背景在不同地区势必存在差异。这种结合本国或本地区数据来分析企业高管毕业院校背景的方法难以得出具有推广性的结论。换句话说,企业高管"一流大学"背景能呈现何种普遍特征需要更大的样本量和数据量来反映。此外,尚未有研究对我国企业高管的毕业院校背景进行系统梳理,也鲜有研究提及企业高管教育背景与一流大学之间的关系。针对这一领域,陈沛和刘念才在 2016 年进行了探索性研究。他们通过收集营业收入排在前10 000 位的全球企业数据,提取了 70 205 位企业高管的教育背景信息。按照院校授予学位数量统计后发现,哈佛大学、宾夕法尼亚大学、斯坦福大学、西北大学(美国)、密歇根大学等"一流大学"成为全球培养企业高管人数最多的大学。我国清华大学在这一榜单中位居全球第 49 位。作者进一步对企业高管毕业院校的大学排名名次与学位数量频次排序进行等级相关分析,发现在使用不同大学排名作为测量工具时,大学排名名次与学位数量频次排序呈现较强的相关性。

①　DÍAZ-FERNÁNDEZ M C, González-Rodríguez M R, Pawlak M. Top Management Demographic Characteristics and Company Performance[J]. Industrial Management & Data Systems, 2014, 114(3): 365 - 386.

②　ELLERSGAARD C H, LARSEN A G, MUNK M D. A Very Economic Elite: The Case of the Danish Top CEOs[J]. Sociology, 2013, 47(6): 1051 - 1071.

对于 500 强企业组的高管而言，毕业院校的大学排名名次与学位数量排序相关系数更大，相关性更强。[①] 由此可知，全球万家企业高管的毕业院校背景均具有较强的"一流大学"属性。作为接续研究，本书将在这一研究基础上，深化对企业高管毕业院校背景与世界一流大学关系的探讨。

第三节　教育与企业高管收入相关研究

在管理学领域，以往研究大多关注企业高管教育背景对组织绩效的影响，而少有研究针对教育背景与企业高管收入之间的关系展开探讨。在为数不多的相关文献中，有学者认为教育对企业高管收入并不存在什么影响。如高什（Gohsh）指出，企业高管的受教育年限对收入水平没有影响。他以 1997 年到 2002 年的印度制造业为例，对 462 家企业的高管收入影响因素进行分析，发现受教育年限这一变量对企业高管收入的影响十分不显著。[②] 不过鉴于高什的数据量偏小，样本也缺乏一定的代表性，其研究结论受到了一定程度上的质疑。支持教育影响企业高管个人收入的研究者如戈特斯曼（Gottesman）和莫里（Morey）。他们在 2006 年的研究中发现，企业中那些拥有知名大学学位的首席执行官能够获得更高的个人收入。[③] 加贝尔斯（Gabaix）和朗迪耶（Landier）则认为，对企业高管而言，较小的教育水平差异能够导致较大的个人收入差异。[④] 虽然作者并未从多个维度分析教育背景在企业高管个人收入中的作用，但其教育差异的主要观点为后来研究者围绕教育背景讨论企业高管的个人收益问题提供了重要思路。

加尔伯特（Jalbert）、福如诺（Furumo）和加尔伯特（Jalbert）长期追踪知名企业高管，研究教育背景是否影响个人收入。他们对 1997 年到 2006 年期间福布斯杂志刊载的美国 500 强公司首席执行官教育背景予以考察，对其毕业院校背景进行重点关注。研究发现，在学士和硕士层次，毕业于哈佛大学的企业高管人

① 陈沛，刘念才.全球万家企业高管教育背景与世界一流大学的关系研究[J].高等教育研究，2016，(11)：1-9.

② GHOSH A. Determination of Executive Compensation in an Emerging Economy. Evidence from India [J]. Emerging Markets Finance and Trade，2006，42(3)：66-90.

③ GOTTESMAN A A，MOREY M R. Manager Education and Mutual Fund Performance[J]. Journal of Empirical Finance，2006，13(2)：145-182.

④ GABAIX X，LANDIER A. Why Has CEO Pay Increased So Much? [J]. The Quarterly Journal of Economics，2008，123(1)：49-100.

数居全美首位,但在工资收入方面,纽约大学却独占鳌头。以企业高管数量统计的大学排名显示,毕业生排名名次与个人收入并不相关,但顶尖大学排名名次与个人收入则显著相关。在工资单项方面,顶尖本科院校排名名次与个人收入显著相关,而顶尖硕士院校排名名次则与个人薪酬不相关。基于 18 个变量建立的回归模型显示,排名前 10 位学校企业高管毕业生数量与个人收入呈显著负相关,而排名前 25 位学校企业高管毕业生数量与个人收入的相关性不显著。研究者同样指出,以往研究证实了教育背景与企业高管个体行为之间的关系,却尚未有研究使用较大规模数据验证教育背景带给企业高管个人的经济价值,且这些研究大多停留在组织层面的分析。[①] 对于特定职位的企业高管,达塔(Datta)和伊萨坎达塔(Iskandar-data)的研究认为,企业高管的商科教育背景对个人收入具有重要影响。从公司战略管理的角度看,首席财务官(CFO)应该接受工商管理硕士学位教育,从而全面掌握战略管理知识,而非单纯具有专业技能。他们建立回归模型,测量工商管理硕士学位是否对首席财务官收入有影响这一问题,结果发现:具有工商管理硕士学位的首席财务官比单纯具有专业技能的首席财务官获得了更高的收入;毕业于顶尖工商管理学院的首席财务官,其学位对收入影响的显著性水平更高;对于那些没有工商管理硕士学位的首席财务官而言,其学位对收入的影响是不显著的。结果证实,工商管理硕士学位对企业高管的收入增加具有一定的促进作用。[②] 然而,比较难解释的一个问题是,企业高管获得工商管理硕士学位的时间可能对个人收入的估计结果产生较大影响。因为在不同国家和不同大学,工商管理硕士学位存在在职攻读和非在职攻读两种学习形式。对企业高管来说,在职攻读工商管理硕士学位有时仅仅是为了增加个人的"文凭头衔",而非增加个体人力资本。如何将两类群体区别,或将成为合理估计企业高管教育收益的前置条件。我国学者周蕾和余恕莲也曾分析企业高管的教育背景对收入的影响。作者利用经典的明瑟收入方程,测算了企业高管人力资本收益中的"溢价"程度,发现教育程度和工作年限大约能够解释我国企业高管收入中的 7%,其余部分则归功于人力资本溢价。[③] 但是,除受教育年限外,毕业院校背景等其

---

① JALBERT T, FURUMO K, JALBERT M. Does Educational Background Affect CEO Compensation and Firm Performance? [J]. Journal of Applied Business Research, 2011, 27(1): 15 - 40.

② DATTA S, ISKANDAR-DATTA M. Upper-echelon Executive Human Capital and Compensation: Generalist vs Specialist Skills[J]. Strategic Management Journal, 2014, 35(12): 1853 - 1866.

③ 周蕾,余恕莲.高管人力资本溢价与企业绩效倒 U 型关系研究[J].经济管理,2013,(11): 106 - 117.

他教育背景要素也应被纳入企业高管人力资本收益的考量。如果不考虑这些"质量"因素,企业高管的教育收益可能受到低估。这是该研究存在的主要问题。

以上研究为本研究提供借鉴和启示:首先,教育背景对企业高管收入的影响并不是一个成熟的研究领域,针对企业高管这一特殊群体,教育与个人收入之间的关系尚待考察。从已有研究看,教育可能对企业高管收入不存在影响,也可能存在较大影响,需要通过更大规模的数据采集证实相关结论。其次,加尔伯特(Jalbert)等人为研究一流大学在企业高管收入中的作用开辟先河。作者通过美国数据,证实大学排名靠前的顶尖院校教育背景可能对企业高管收入存在影响,但在不同学位层次中这一影响并非始终存在。同时,不同的毕业院校分组方式可能导致研究结果的不确定性,需要通过计量分析中的稳健性检验规避相关问题。再次,教育背景存在多个研究维度,教育背景与企业高管个人收入的关系问题可以从多个角度逐一展开论证。最后,明瑟收入方程为研究企业高管个人收入问题提供支撑,教育背景对企业高管收入影响的研究可转化为测量企业高管教育收益的实证研究。

第四节　高等教育个人收益的相关研究

在教育与个人收入的关系中,教育被视为一种人力资本投资形式。[①] 明瑟收入方程进一步揭示,个人接受不同形式的教育会对收入增量产生影响,具体表现在个人每多增加 1 年教育,收入会相应增加一定的百分比。[②] 高等教育亦是如此。通常而言,伴随着受教育年限的增加,个人收入也会产生一定的边际效应。同时,高等教育对个人收入的影响可以体现在教育数量和教育质量两个方面。明瑟收入方程一般考虑"教育数量"对个人收入的影响,即受教育年限的作用,而"教育质量"则需要找寻其他指标进行测度。毕业院校背景就是反映个人教育质量的指标。一方面,毕业院校背景代表个人曾经接受何种大学的高等教育,获得怎样的高层次知识与技能,在一定程度上诠释了人力资本的积累过程,通过收入形式反映相应的人力资本收益。另一方面,在劳动力市场中,毕业院校

---

① 西奥多·W·舒尔茨.论人力资本投资[M].吴珠华,等译.北京:北京经济学院出版社,1990:92.
② MINCER J. Schooling, Experience, and Earnings. New York: National Bureau of Economic Research, 1974: 41-63.

背景常常被视为大学毕业生向人才需求方发送的信号。这种信号可以反映毕业生既有的或潜在的能力水平,使其在收入上获得一定程度的能力溢价。[①] 同时,不同的毕业院校背景也具有不同的信号强度,以至于毕业于不同大学的学生在收入上存在差别。

　　20 世纪 70 年代,维尔斯(Wales)通过美国追踪调查数据,发现排名靠前学校的本科毕业生能够获得相对更高的工资收入,提出毕业院校背景能够成为一种影响毕业生教育收益的重要因素。[②] 然而,毕业院校背景究竟是一种市场准入的筛选装置还是影响毕业生长期发展的人力资本,此后的研究并没有得出一致性的结论。一方面,偏向教育社会学的一些研究认为,个人的社会经济状况本身会对院校选择产生干扰,进而通过教育过程影响教育结果,最终反映在职业地位和收入层面。相关研究认为,如果不考虑家庭背景等社会经济因素,测算出的个人教育收益率可能存在一定的估计偏误。[③] 但是,这些研究又过于强调社会外部环境对个人接受教育以及教育结果的影响,因而往往又忽视了毕业院校质量对个人收入的长期效应。另一方面,样本选择的计量难题也一直困扰着这一领域的研究者们。在有关教育质量的研究中,针对不同人群、采用不同数据集的分析甚至可能得到截然不同的结论。[④] 由于毕业院校背景在劳动力市场中的长期作用机制并不明确,维尔斯的观点甚至一度受到质疑。如特鲁斯海姆(Trusheim)和克劳斯(Crouse)的研究认为,就中年美国男性而言,毕业院校背景既不会影响其社会经济地位,也不会影响其长期的收入增长。对普通人来说"上大学这件事远比上什么样的大学更为重要。"[⑤]进一步讲,名校或是一流大学的教育背景可能只在个人的职业发展初期起到一定作用,但随着时间的流逝,这种作用或将无法确保长期收益。不过,不少研究者依旧坚信,无论教育信号能在多大程度上反映毕业生个人能力,毕业院校背景始终与教育收益之间存在十分密切的关系。如石田(Ishida)等人的研究表明,毕业院校背景既有向人才需求方发送信号的作用,又

---

① SPENCE M. Job Market Signaling[J]. The Quarterly Journal of Economics, 1973, 87(3): 355 - 374.

② WALES T J. The Effect of College Quality on Earnings: Results from the NBER-Thorndike Data[J]. The Journal of Human Resources, 1973, 8(3): 306 - 317.

③ ALWIN D F. College Effects on Educational and Occupational Attainments[J]. American Sociological Review, 1974, 39(2): 210 - 223.

④ 李锋亮.教育的信息功能与筛选功能[M].北京:北京大学出版社,2008: 77 - 79.

⑤ TRUSHEIM D, CROUSE J. Effects of College Prestige on Men's Occupational Status and Income[J]. Research in Higher Education, 1981, 14(4): 283 - 304.

能够反映毕业生所具备的认知与非认知能力,因此它会对毕业生起薪和某一阶段的职业晋升产生显著影响。[①] 以上这些研究大多是对不特定人群进行的考察和分析。对于文凭或证书带给个人的经济回报,在控制了个人能力等因素的情形下,此类收入效应往往被称为"文凭效应"或"羊皮纸效应"。虽然未能完全规避能力因素在文凭收入中的影响,但我国学者张青根、[②]沈红、[③]李锋亮[④]等人也曾提出过相似观点,并根据中国的抽样调查数据测量高等教育学历在居民个人收入中的"文凭效应"。然而,"文凭效应"分析存在一个明显的弊端,即陷入对教育信号机制的探讨,却忽视了特定人群在劳动力市场中的相对教育位置,[⑤]导致毕业院校背景无法从其他更强的教育因素中分离出来。换而言之,普通人群的毕业院校背景差异可能远不及学位层次差异对教育收益的影响大,但对于企业高管这样的特殊群体,相同的"高学历"使其学位层次或受教育年限具有同质性,可能只有毕业院校背景才能更为精确地刻画其劳动力市场中的相对位置。

本书并不打算对企业高管毕业院校背景的信号效应进行测量,而是基于人力资本理论的观点,从毕业院校质量和薪酬收入出发,以劳动力市场相对位置为视角,判断企业高管受到认可的程度。由于企业高管大多毕业多年,其文凭在劳动力市场中的信号作用日渐式微,因而有理由将其教育过程和教育结果视作一个整体,通过控制企业外部因素测量毕业院校背景带来的教育收益。一流大学背景包含接受一流大学教育和获得一流大学学位,这一整个过程将对个人收入产生一定的影响。因此,本书重点测量企业高管教育收益中的"一流大学效应",关注一流大学学位对企业高管收入产生的影响,即一流大学的"收入效应"。

本章小结

在经济学和管理学领域,以往研究由企业高管的教育背景出发,从学位层

① ISHIDA H, SPILERMAN S, SU K H. Educational Credentials and Promotion Chances in Japanese and American Organizations[J]. American Sociological Review, 1997, 62(6): 866-882.
② 张青根,沈红."一纸文凭"究竟价值几许?——基于中国家庭追踪调查数据的实证分析[J].教育发展研究,2016,(3): 26-35.
③ 沈红,张青根.我国个人教育收益中文凭效应的计量分析[J].教育与经济,2015,(1): 29-36.
④ 李锋亮,Morgan W J,陈晓宇.绝对教育年限与相对教育位置的收入效应——对教育生产功能和信号功能的检验[J].中国人口科学,2008,(1): 67-73.
⑤ SØRENSEN A B. The Structure of Inequality and the Process of Attainment [J]. American Sociological Review, 1977, 42(6): 965-978.

次、学科背景和海外学位等角度,论述了人口统计特征与组织发展之间的关系。企业高管普遍拥有大学教育经历,平均达到较高的受教育水平。根据高层梯队理论的相关观点,较高的学位层次凸显企业高管较强的认知能力。这种能力对于处理和判断市场信息十分重要,进而有助于提升企业绩效,促进企业的长远发展。具有不同学科背景的企业高管分布于不同行业之中。差异化的学科背景体现出企业高管在知识和技能上的不同优势,也是识别企业中异质性人力资本的关键。海外学位对企业和高管本人均属于较为新鲜的事物,其影响结果目前还没有得到研究上的共识。虽然这些文献探讨了企业高管教育背景的基本特征,但主要局限于组织层面,较少涉及教育背景对企业高管个人发展的影响。

从企业高管教育背景与一流大学的关系看,美国研究者倾向于相信一流大学能够培养出知名大型企业的管理者。实证结果表明,拥有一流大学学位的企业高管所占比例较高,因而企业高管与一流大学之间关系密切。但一部分欧洲研究者却认为企业高管并非大部分来自一流大学。美欧两地的研究得出了似乎相左的结论,其根本还在于两地研究者在企业样本和大学样本选取上存在巨大差别。由此看来,若想进一步证实企业高管教育背景与一流大学之间的关系,更大范畴的调查和取样势在必行。

鲜有研究基于教育背景对企业高管收入影响进行讨论。针对这一群体的教育收益测量尚待开展。不过,已有文献对毕业院校背景与企业高管个人收入关系这一问题提出研究思路,而明瑟收入方程更是为实现一流大学收入效应的测量提供可能。

第三章
研究方法

第一节　定量研究法的选择

　　定量研究方法对于解释教育现象、解决教育问题具有独特的优势和价值。教育经济学领域具有相对成熟的研究范式，常常采用定量研究方法解决实际问题。同时，教育经济学中的定量研究能够从具体问题出发，对数值大小的重要性给出必要的解答。[①] 在本书中，企业高管教育收益中的"一流大学效应"，主要测量一流大学学位对企业高管收入的影响，这涉及对数值大小的判断和估计，因而需要采用定量研究方法。

　　从定量研究方法在个人教育收益中的应用来看，大体围绕以下几个主题展开：一是教育到底能否对个人收入产生影响，二是教育对个人收入影响的方向如何（正向还是负向），三是教育对个人收入影响的大小如何，四是在不同环境下教育对个人收入的影响是否会发生变化。本书关心的是一流大学学位是否影响企业高管收入、一流大学学位能否促进企业高管收入的增加、一流大学学位能够产生多大的收入效应以及不同视角下（学位层次、学科背景、海外学位）的一流大学效应是否有所不同。定量研究方法可以通过数据采集、模型设计、变量设定、样本描述、模型估计、模型检验以及模型应用等过程，实现这些问题的具体讨论。

　　目前，我国学者关于世界一流大学的研究还大多停留在思辨阶段，采用实证方法特别是定量方法的研究数量较少，难以形成对该领域研究结果的证据支持。一流的大学能够培养出一流的人才，但一流的人才未必都接受过一流的大学教

---

① 　岳昌君.定量研究方法在教育经济学中的应用[J].中国高教研究，2016，(1)：77-82.

育、毕业于一流的大学。作为大学培养出的一流人才，企业高管的教育背景值得关注。鉴于企业高管是一个能力强、收入高且数量庞大的特殊群体，具有大量数据和证据支持的研究才能令人信服。因此，企业高管与世界一流大学的关系问题适合采用定量研究方法进行论证。本书以企业高管为研究对象，尝试通过较大的数据量，运用定量研究方法回答企业高管教育收益中的一流大学问题，期待丰富一流人才与一流大学关系的相关研究。

第二节　履历分析法的运用

一、履历分析概述

在科技人才评价中，履历分析（Curriculum Vitae）是比较常见的一种方法，这一方法后被广泛应用于其他学科之中。履历分析主要对信息进行抽取，对内容进行编码，以及对编码结果进行描述性统计，最终达到对文本资料量化处理的目的。本研究利用企业官方网站和上市公司年报获取高管人员资料，通过手工提取数据并结合财经数据库提供的部分资料，采集到全球营业收入前10 000 家公司的相关信息，经过数据编码与核对，共得到 75 842 份有效的企业高管履历。

二、数据采集过程

本研究的数据采集过程分为确定企业清单、确定高管名单、提取教育信息和提取薪酬信息四步进行。

第一步，确定企业清单。由于企业之间的所属关系具有一定的复杂性，因此获得一份可靠而明确的企业清单是采集高管个人信息的前提。在纷繁杂乱的企业名称中，财经数据库为统一企业名称提供标准。而在财经数据库中，本研究选取国际知名的 BvD-Osiris 数据库，作为确定企业清单的基础数据库。该数据库涵盖七万多家上市公司和非上市公司，并且收录了企业管理层的部分资料。按照信息公开性和可获取性原则，本研究参考《财富》杂志对全球 500 强企业的评选办法，选取年度营业收入排名前 10 000 位的公司作为企业样本。

第二步，确定高管名单。由于全球企业的组织结构和职位设置存在较大差异,因而在不同的企业管理层中,高管所任职位可能对应着完全不同的名称。在无法对企业高管职位名称进行统一的情况下,本研究并不考虑同一企业中高管成员的职位高低,而是以企业官方网站和年度报告显示的高管成员名单为准,直接取得每家企业披露的具体高管姓名。企业高管姓名的采集工具为 Excel 2013 软件,采用手动粘贴履历的方式进行。粘贴的关键要点有高管姓名、年龄、任职企业名称、企业所属行业及主营业务、企业营业收入、年利润、总资产、总负债、高管现任职位、教育经历、工作经历、个人薪酬等。由于诸多企业在年报和网站中没有披露高管的性别和国籍,因此本研究没有获取这两项人口统计的完整信息。与此同时,为避免人物重名带来的统计上的困扰,研究为每位企业高管单独编号,得到 75 842 人(次)的初始样本。

第三步,提取教育信息。Excel 2013 软件的筛选和查找功能可以实现企业高管教育信息的提取。在已经确定的高管名单中,共有 70 205 人具有教育信息。本研究将这些高管样本按照学位层次、学科背景、毕业院校、毕业院校所在国家(地区)等一一编码,得到全球万家企业高管教育背景信息数据库。因重点关注高等教育对企业高管的影响,本研究在提取教育信息时将学位层次分为四个组别:学士以下、学士学位、硕士学位和博士学位。关于学科背景的划分方法,本研究采用学位名称和专业信息两种方法进行实质判断。在企业高管履历中,BA、BS、BE、BBA、BSBA、MBA、JD、ME 和 MD 九种学位分别被归入文科、理学、工学、商科、商科、商科、法学、工学和医学学位。PhD 和其他学位不宜直接归类,要做专业信息判断。根据企业高管曾就读专业信息,这些学科被依次归入商科(含经济学类和工商管理类相关专业)、法学、理学、工学、医学等五个类别。除商科和法学之外的其他人文社会科学相关专业一并归入"文科",主要包含哲学、政治学、社会学、教育学、文学、语言学、历史学、新闻传播学、艺术学等。在企业高管拥有的理学和工学学位中,农学相关专业较为特殊,因而也被单独提取出来,加上无学科信息的企业高管样本,最终得到八个组别。在毕业院校信息方面,本研究从企业高管个人履历中识别出 5 152 所不同的学校名称。毕业院校所在国家或地区随毕业院校名称一并标注。

第四步,提取薪酬信息。由于企业高管在职与非在职获得学位可能对薪酬收入产生十分不同的影响,因而在提取薪酬信息前,本研究首先排除了那些进入高层管理岗位以后获得学位的企业高管样本,仅保留具有连续教育经历的企业高管样本。在具有连续教育经历的企业高管中，共有 38 670 人具有薪酬信息。这些薪酬信息包含工资、奖金及其他固定收入，但不包含股票、期权及其他激励性收入。企业高管的个人薪酬数据主要来自企业年报以及 Osiris 数据库中提取出的部分信息。本研究的高管样本总观测数为 38 670，大大超过了加尔伯特等人在 2002 年(8 000 人)[①]和 2011 年(6 305 人)[②]的样本总观测数。

三、数据清理过程

本研究的数据清理工作针对企业高管的教育背景和工作背景信息，主要涉及大学排名中的校名统一、高管履历中的校名编码、教育年限中的时间换算、学位信息中的国别编码、任职企业中的行业编码等五部分工作。数据清理工作主要在 2016 年完成，并于 2017 年和 2018 年分两次对企业高管的教育背景信息进行数据升级，小范围更换了部分样本。

准确获取大学校名是研究一流大学实证问题的基础。全球大学排名为企业高管的毕业院校名称统一提供依据。本研究选择了 ARWU、QS、THE 和 USNews 等四个全球大学排名前 500 位大学的校名作为标准校名：首先，在 ARWU 排名网站公布的历年数据中，获取 2003 年至 2016 年进入这一排名前 500 位的大学校名(含并列第 500 位学校)。由于并校、更名、新成立大学等情况，这些大学校名在 ARWU 排名的十几年中发生了一些变化，因而本研究以单一年份排名数据为基准，对各年数据展开核对和剔重，得到 658 所大学的准确校名；其次，按照同样的方式，对 QS、THE 和 USNews 三个排名中的校名进行标准化处理；再次，对三个排名校名的标准化结果同 ARWU 排名校名的标准化结果进行匹配，最终得到 738 所大学校名。

经过对大学排名校名的标准化处理，本研究获得了一份基本的大学校名清单。接下来，本研究将高管履历中出现的大学校名与大学排名校名进行匹配，在匹配过程中，主要处理以下问题：

第一，将包含大学二级单位的校名统一在同一所大学的目录下，如"Trinity

① JALBERT T，RAO R P，JALBERT M. Does School Matter? An Empirical Analysis of CEO Education, Compensation, and Firm Performance[J]. International Business & Economics Research Journal, 2002, 1(1): 83-98.

② JALBERT T，FURUMO K，JALBERT M. Does Educational Background Affect CEO Compensation and Firm Performance? [J]. Journal of Applied Business Research, 2011, 27(1): 15-40.

College，University of Oxford"和"Somerville College，University of Oxford"的标准化校名为"University of Oxford"；

第二,将非英语语种形式出现的大学校名统一为英语校名,如"Umeå Universitet"(瑞典语)的标准化校名为"Umea University"；

第三,将缩写形式出现的大学校名统一为全称形式的大学校名,如"SUNY at Albany"的标准化校名为"State University of New York at Albany"；

第四,将同一所大学的不同校名变体统一,如"University of Paris-Sud"和"Paris XI"的标准化校名为"University of Paris-Sud"；

第五,将大学合并前后的不同校名统一为合并后的大学校名,如"University of Colorado Health Science Center"的标准化校名为"University of Colorado at Denver"；

第六,因更名而出现的新的大学校名,如"Curtin University of Technology"的标准化校名为"Curtin University"；

第七,因空格、标点、连字符等问题造成的校名不一致,如"University of Nevada，Reno"的标准化校名为"University of Nevada-Reno"。

针对匹配结果,本研究对每所大学进行唯一编码;对于进入全球四个大学排名中任意一个排名的大学,进一步实施二级编码,同时将进入排名前100位的大学设置为"一流大学",将其他大学设置为"普通大学"。

受教育年限的测算方法一般有两种:一是按照个人实际受教育年限进行计算,一般通过查阅个人履历或收集问卷调查数据完成;二是采用学制推算法,即"6-3-3"的基础学制加上本科4年、硕士3年、博士3年。本研究结合上述两种方法,如果企业高管履历中包含本人实际受教育年限或学制年限,就按照第一种方法计算其受教育年限;如果企业高管履历中未显示本人实际受教育年限或学制年限,就采用第二种方法推算其受教育年限。

根据企业高管毕业院校所在国家(地区),本研究提取每所大学的国别信息,得到74个国家(地区)的信息编码。

根据企业公开披露的行业信息或总公司主营业务,本研究结合全球行业分类标准(Global Industry Classification Standard,简称GICS),将高管所在企业归入能源、材料、工业、非必需消费品、日常消费品、医疗保健、金融、信息技术、电信、公共事业和房地产等11个行业大类。

四、样本分布特征

本研究中的全球样本共计 38 670 人，分别来自澳大利亚、奥地利、比利时、百慕大群岛、加拿大、开曼群岛、海峡群岛、智利、中国、克罗地亚、塞浦路斯、丹麦、爱沙尼亚、芬兰、法国、德国、匈牙利、冰岛、印度、印度尼西亚、爱尔兰、以色列、意大利、日本、约旦、哈萨克斯坦、卢森堡、马来西亚、马耳他、墨西哥、荷兰、新西兰、挪威、阿曼、巴布亚新几内亚、菲律宾、波兰、葡萄牙、俄罗斯、沙特阿拉伯、塞内加尔、新加坡、斯洛文尼亚、南非、韩国、西班牙、瑞典、瑞士、泰国、阿拉伯联合酋长国、英国、美国、赞比亚等国家（地区）。

按照企业数进行国别排序，[①]美国（1 755 家）、中国（504 家）、英国（283 家）、加拿大（200 家）、法国（164 家）、澳大利亚（124 家）、德国（119 家）、瑞士（94 家）、南非（84 家）、意大利（77 家）排名前十位。

按照样本数进行国别排序，企业高管人数较多的国家有美国（19 285 人）、中国（4 137 人）、加拿大（1 963 人）、英国（1 815 人）、法国（1 597 人）、南非（885 人）、德国（842 人）、瑞士（792 人）、澳大利亚（741 人）、泰国（618 人）、意大利（605 人）、荷兰（538 人）、挪威（502 人）、瑞典（499 人）、新加坡（368 人）、西班牙（348 人）、爱尔兰（323 人）、印度（291 人）、芬兰（265 人）、比利时（252 人）、奥地利（248 人）、马来西亚（220 人）、丹麦（210 人）等。

按照样本数进行行业统计，能源行业 2 721 人，材料行业 3 525 人，工业行业 7 097 人，非必需消费品行业 6 042 人，日常消费品行业 2 357 人，医疗保健行业 2 520 人，金融行业 6 049 人，信息技术行业 3 558 人，电信行业 864 人，公共事业行业 2 255 人，房地产行业 1 682 人。

第三节　计量分析法的运用

一、明瑟收入方程

计量分析需要遵循一定的理论基础。从一流大学背景对企业高管收入影响

[①] 该企业数指的是全球营业收入排名前 10 000 位企业中有高管教育背景和薪酬信息的企业；跨国公司参照企业总部所在国进行统计。

这一主题看,人力资本理论或将与之契合。人力资本理论认为,教育可以提高个体劳动者的认知能力,从而使劳动者具备更高的生产率或资源配置能力,进而增加个人收入。[①] 根据这一理论假说,美国经济学家明瑟(Mincer)认为教育程度和工作经验是影响个人收入的最重要因素,并由此推导出收入决定函数,就教育程度、工作经验与个人收入之间的关系进行数学表征,即明瑟收入函数:[②]

$$W = f(S, E),并且满足 \partial W / \partial S > 0, \partial^2 W / \partial E^2 < 0$$

在这一函数中,被解释变量 W 代表个人收入(Wage);解释变量有两个:S 代表教育程度(Schooling),以受教育年限作为代理变量;E 代表工作经验(Experience),以工作年限作为代理变量。[③] 估算个人教育收益率时,通常将这一函数转换成方程形式:

$$\ln W = \alpha + \beta_1 \times S + \beta_2 \times E + \beta_3 \times E^2 + \varepsilon \tag{3.1}$$

方程(3.1)为经典的明瑟收入方程,这一方程提出了一种估算个人教育收益率的、较为便捷的方法。在方程(3.1)中,α 表示方程截距项;ε 表示随机扰动项;加入工作经验平方项(E^2)的原因:随着劳动时间的推移,个人在工作经验增加到一定程度后,接受新知识和新技能的水平开始下降,因此工作年限对个人收入呈倒 U 型的二次曲线关系[④](如图 3-1 所示)。S 项前的回归系数 β_1 估算的就是个人教育收益率,也称明瑟收益率。通过对方程两边求偏导数,可得具体估计值:[⑤]

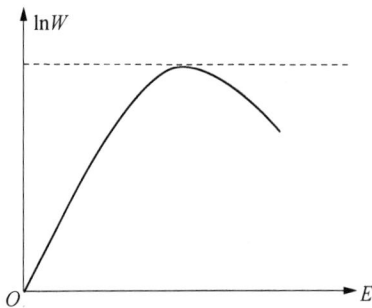

图 3-1 个人收入与工作年限的关系函数

$$\beta_1 = \frac{\partial_1 nW}{\partial S} = \frac{\partial W / W}{\partial S} \approx \frac{\Delta W / W}{\Delta S}$$

① SCHULTZ T W. Investment in Human Capital[J]. The American Economic Review, 1961, 51(1): 1-17.
② 岳昌君.教育计量学[M].北京: 北京大学出版社,2009: 75.
③ PSACHAROPOULOS G. Returns to Education: A Further International Update and Implications[J]. The Journal of Human Resources, 1985, 20(4): 583-604.
④ 闵维方.高等教育运行机制研究[M].北京: 人民教育出版社,2002: 477.
⑤ 赖德胜.教育经济学[M].北京: 高等教育出版社,2011: 113.

明瑟收入方程的估算方法主要有以下三点特征：首先，从研究范畴上看，明瑟收入方程主要针对教育的货币化收益（或市场化收益）而言，并不涉及健康水平提高、幸福感增强、内在修养提升等教育可能带来的潜在非货币化收益；其次，从适用对象上看，明瑟收入方程是对教育的个人收益而非社会收益进行估算；再次，从测量方法上看，明瑟收入方程引入了经济学中的机会成本思想，关注的是教育的边际收益，估算的是多增加 1 年正规教育而得到的收入变化率，即边际收益率，并不考虑个人因接受教育所付出的直接成本。

在本研究中，明瑟收入方程中的 $\ln W$ 表示企业高管收入的自然对数，以工资、奖金、津贴等货币形式进行度量；S 表示企业高管的受教育年限，β_1 表示在相同条件下，企业高管多增加 1 年大学教育的收入变化率，即企业高管的个人教育收益率；E 和 E^2 分别表示企业高管的工作年限、工作年限的平方，而 β_2 表示在相同条件下，企业高管多增加 1 个工作年限的收入变化率。

二、相关变量设定

明瑟收入方程提供了研究企业高管教育程度与个人收入关系的基础模型。不过，由于高管所处的企业外部环境特征迥异，已有研究证实企业高管的个人收入还会受到企业绩效、[1]企业规模、[2]行业薪酬[3]等因素的影响。同时，维尔塞马（Wiersema）等人的研究证实，年龄、工作年限、受教育水平等会影响到企业高管的个人收入，[4]但若将年龄与代表受教育水平的受教育年限同时纳入模型又常导致共线性，因此，本研究保持明瑟收入方程的初始形式，并在此基础上加入了代表组织绩效和行业类别的两组控制变量，以期通过扩展模型进一步探讨企业高管教育程度对其收入的影响。

第一组控制变量为组织绩效变量，包含企业年度营业收入、净利润和总资产，其中前两项反映企业绩效，后一项反映企业规模。第二组控制变量为行业类

---

[1] MURPHY K J. Corporate Performance and Managerial Remuneration[J]. Journal of Accounting and Economics，1985，7(1)：11 - 42.

[2] KOSTIUK P F. Firm Size and Executive Compensation[J]. The Journal of Human Resources，1990，25(1)：90 - 105.

[3] FAULKENDER M，YANG J. Inside the Black Box：The Role and Composition of Compensation Peer Groups[J]. Journal of Financial Economics，2010，96(2)：257 - 270.

[4] WIERSEMA M F，BANTEL K A. Top Management Team Demography and Corporate Strategic Change[J]. The Academy of Management Journal，1992，35(1)：91 - 121.

别变量：按照全球行业分类标准（GICS），将高管所在企业分别归入能源、材料、工业、非必需消费品、日常消费品、医疗保健、金融、信息技术、电信、公共事业和房地产等 11 个行业，在设置虚拟变量时以能源行业作为参照组，得到加入控制变量的扩展方程：

$$\ln W = \alpha + \beta_1 \times S + \beta_2 \times E + \beta_3 \times E^2 + \Sigma \eta_i \times X_i + \varepsilon \qquad (3.2)$$

在方程（3.2）中，α 表示扩展方程的截距项；ε 表示扩展方程的随机扰动项；S、E 和 E^2 分别表示高管受教育年限、工作年限和工作年限的平方项；X 表示控制变量，η 表示各控制变量的回归系数。第一组控制变量均为连续型变量，第二组控制变量为类别型变量。此方程中的 β_1 表示控制了企业年度营业收入、净利润、总资产以及行业类别的情形下，企业高管多增加 1 年大学教育的收入变化率，即组织绩效和行业类别既定时的个人教育收益率。由这一方程得到研究扩展模型。

经典的明瑟收入方程强调受教育年限与个人收入之间的关系，然而，这种估算方法基于不同学校具有相同教育质量的"同质性"假设，并未揭示毕业院校质量对个人收入产生的影响。从人力资本理论的角度说，毕业院校质量可以在一定程度上解释个体人力资本差异，进而在测算教育收益时通过人力资本异质性得到收入溢价。因此，研究企业高管毕业院校带来的教育收益时，需要在明瑟收入方程中引入毕业院校质量变量，构建效应模型。全球性大学排名的存在为企业高管毕业院校质量提供了层级划分的操作化方法，基于此，本研究选取企业高管毕业院校质量的代理变量——大学排名名次区间，测量高管毕业院校质量对其收入产生的影响，方程形式如下：

$$\ln W = \alpha + \beta_1 \times S + \beta_2 \times E + \beta_3 \times E^2 + \Sigma \eta_i \times X_i + \varphi \times R + \varepsilon \qquad (3.3)$$

在方程（3.3）中，R 表示排名名次区间变量，按照前文所述的"普通大学"、和"一流大学"，企业高管的毕业院校可被归入具体排名名次区间；φ 表示该变量的回归系数。这里的 β_1 表示控制组织绩效和行业类别后，除去毕业院校质量的高管教育收益率。在此情形下，如果 φ 显著，表明毕业院校质量对企业高管收入存在影响；更进一步，如果 φ 显著大于零，则表明在其他条件既定前提下，一流大学的院校背景能够显著提高高管收入，企业高管教育收益中存在"一流大学效应"；反之，如果 φ 不显著，表明毕业院校质量对企业高管收入不存在影响，企业高管教育收益中也就不存在"一流大学效应"。这就是测量企业高管教育收益的效应模型。表3－1对以上企业高管收入效应模型中的变量予以界定。

表3－1　企业高管收入效应模型中的变量定义

变量类型	变量名称	变量符号	变量含义	取 值 方 法
被解释变量	企业高管收入	lnW	年收入的自然对数	自然对数取值
解释变量	教育程度	S	受教育年限	实际受教育年限
				按学制推算的受教育年限：副学士14年、学士16年、硕士19年、博士22年
	工作经验	E	工作年限	具体工作年限
				按年龄和受教育年限推算的工作年限：企业高管年龄－受教育年限－6
		E^2	工作年限平方/100	收缩100倍
	毕业院校质量	R	毕业院校的排名名次区间	高管毕业院校排名名次所在区间取值：0为普通大学（四个大学排名中第100名之后学校），1为一流大学（四个大学排名中第1—100名学校）
控制变量	组织绩效	rev	企业营业收入	自然对数取值
		gro	企业净利润	
		ass	企业总资产	
	行业类别	$GICS$	行业类别	按全球行业分类标准分成11个行业

三、样本描述统计

在全部研究样本中，企业高管平均受教育年限为17.77年，接近每人拥有一个硕士学位；在拥有博士学位的群体中，企业高管最长受教育年限达到24年；而高中毕业就参加工作，最后成为企业高管的人士则仅有12年教育经历。在工作年限方面，与基础模型和扩展模型不同，效应模型还包含反映企业高管毕业院校质量的要素变量。可以看到，企业高管平均年收入为1 106 124美元，但这一结

果包含了样本离群值的情况。由于近年来国内外部分上市公司出现了"天价高
管""1元钱高管""零薪酬高管"等现象,本研究为规避这些样本离群值可能对估
计结果产生的影响,借鉴经济学领域方法,在实际处理时对企业高管收入进行
1%到99%缩尾处理。表3-2对企业高管教育收益方程中的主要变量进行样本
描述,其中企业高管年收入换算前的基本单位为百万美元。

表3-2　企业高管教育收益方程中主要变量的样本描述

变量名称	企业高管收入	教育程度	工 作 经 验	
变量符号	$\ln W$	S	E	E^2
变量含义	年收入的自然对数	受教育年限	工作年限	工作年限平方/100
平均值	12.39	17.77	34.33	12.65
标准差	1.77	2.10	9.26	6.49
最大值	18.78	24.00	75.00	56.25
最小值	0.00	12.00	1.00	0.01
中位值	12.28	18.00	34.00	11.56
观测数	38 670	38 670	38 670	38 670

注:企业高管年收入换算前的基本单位为百万美元。

第四节　研究方法的局限性

尽管本研究采集了大量全球企业高管的个人数据,试图分析高管教育背景
与薪酬收入之间的关系,但在方法上仍然存在一定的研究局限性,主要表现在以
下几个方面:

第一,数据采集上的局限性。本研究尽最大可能获得全部有效数据,但由于
部分企业没有披露高管的教育或薪酬信息,因而无法解决数据缺失问题,只能依
靠庞大的数据规模并遵循"可获取性"原则确定研究样本。

第二,计量模型中的局限性。本研究以人力资本理论和明瑟收入方程为基
础,建立企业高管教育收益的相关模型。由于无法获得企业高管性别、国籍以及
部分企业绩效变量,因而模型解释力度会受到一定程度的影响。

第三,估计方法上的局限性。因无法获取企业高管的家庭背景等其他个人

特征信息，本研究没有采用赫克曼二阶段检验或倾向值匹配等规避内生性问题的计量方法，导致研究结论相对谨慎。

最后，由于时间、物力、财力等其他客观条件限制，本研究虽然竭尽全力，通过手工采集数据的方式获得大量横截面数据，但未能实现时间序列分析，以至于企业高管收入与教育背景关系结果的稳健性或许会受到一定程度的影响。

综上所述，本研究只是一项对一流大学的教育背景与企业高管收入关系的探索性研究，属于相关关系层面的实证研究，并非严格意义上的因果推断。

本章小结

本章主要对研究方法的适用性、具体研究方法实施过程以及局限性展开讨论。

根据研究问题，本研究选择定量研究方法，论证了方法论上的合理性，希望通过较大的样本量和数据量实现研究目标。

在履历分析法部分，本研究详细论述了企业高管相关数据的采集和清理过程。

在计量分析法部分，本研究通过人力资本理论假说，建立了明瑟收入方程的扩展形式，交代了变量选择的原则和方法，最后对样本信息进行具体描述。

在局限性方面，本研究指出了自身在数据采集、模型设计、估计方法以及分析方式上的不足。

第四章
学位层次中的一流大学效应

第一节　企业高管的学位层次分布特征

一、样本总体分布

在全球万家企业中,本研究采用的 38 670 个高管样本分布于不同学位层次之中。拥有普通大学学位的企业高管共计 20 429 人,占全部高管样本的 52.8%;拥有一流大学学位的企业高管共计 18 241 人,占全部高管样本的 47.2%。由表 4-1 所示,拥有普通大学学位的企业高管在学士、硕士和博士层次分别为21 627 人、8 779 人和 2 943 人,占各学位层次企业高管总人数的 65.2%、46.7%和

表 4-1　企业高管在各个学位层次中的人数及比例分布

学 位 层 次	学士	硕士	博士	其　他
拥有普通大学学位的企业高管人数	21 627	8 779	2 943	
拥有普通大学学位的企业高管人数占本学位层次企业高管总人数的比例	65.2%	46.7%	49.2%	
拥有一流大学学位的企业高管人数	11 558	10 032	3 033	
拥有一流大学学位的企业高管人数占本学位层次企业高管总人数的比例	34.9%	53.3%	50.8%	
各学位层次企业高管人数合计	33 185	18 811	5 976	1 704

注：学士层次还包含拥有硕士和博士学位的样本,硕士层次还包含拥有博士学位的样本,"其他"表示最高学位为副学士或相当学位的企业高管样本;因数据缺失、"本科直博"、"硕博连读"等多种情况,拥有硕士学位的高管可能没有学士学位,而拥有博士学位的高管可能没有学士或硕士学位。

49.2%;拥有一流大学学位的企业高管在学士、硕士和博士层次分别为 11 558人、10 032 人和 3 033 人,占各学位层次企业高管总人数的 34.8%、53.3% 和50.8%。另外,最高学位为副学士或相当学位的企业高管人数为 1 704 人。可以看到,在硕士和博士层次,拥有一流大学学位的企业高管人数所占比例较高,均超过了半数。由此可知,一流大学在企业高管群体中具有重要影响,而一流大学的研究生教育在高管人才培养过程中发挥了突出作用。

按照营业收入排序,高管所在企业可被划分为 10 个组别,其中第 1 组为营业收入最高的 1 000 家企业,第 10 组为营业收入最低的 1 000 家企业。在不同企业组中,拥有一流大学学位的高管人数亦不相同。图 4-1 显示,不管是在学士、硕士还是博士层次,第 1 组企业高管都具有人数上的明显优势,分别以 2 342人、2 117 人和 762 人遥遥领先其他企业组。可以看出,在学士、硕士、博士各学位层次,前七个企业组的高管人数呈现出由高到低依次递减的趋势,越是靠近第1 组的企业组,拥有一流大学学位的高管人数也相应越多。

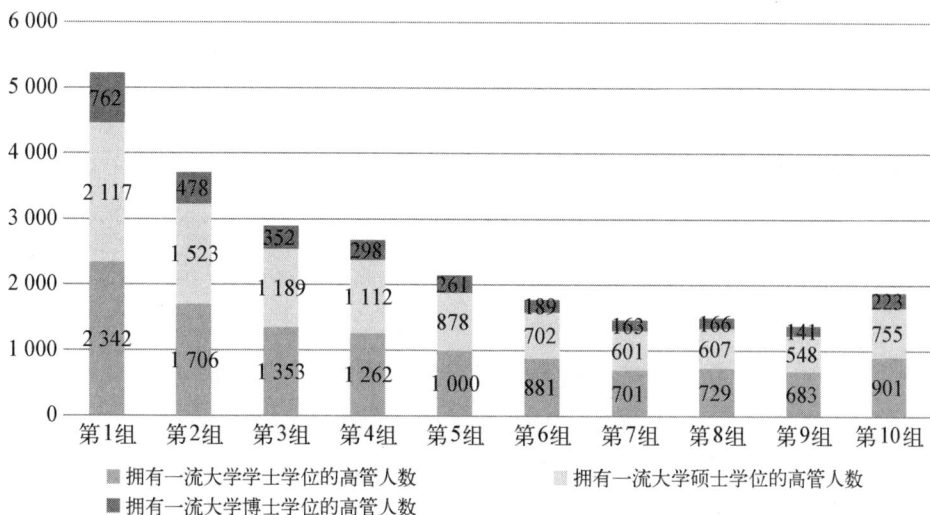

图 4-1 各个学位层次中拥有一流大学学位的高管在各企业组中的人数分布

由于每个企业组的高管总人数并不相同,所以本研究还关注学士、硕士和博士三个学位层次里,拥有一流大学学位的企业高管人数占各企业组本学位层次高管总人数的比例。由图 4-2 可知,在拥有学士学位的企业高管中,毕业于一流大学的高管人数占第 6 组企业高管总人数的比例最高,为 35.6%,第 1 组次之,为 35.5%;在拥有硕士学位的企业高管中,毕业于一流大学的高管人数占第 1 组企业高管总人数的比例最高,为 56.2%;在拥有博士学位的企业高管中,毕业于一流大学的高管人数占第 2 组企业高管总人数的比例最高,为 53.8%,第 1 组为 52.6%。

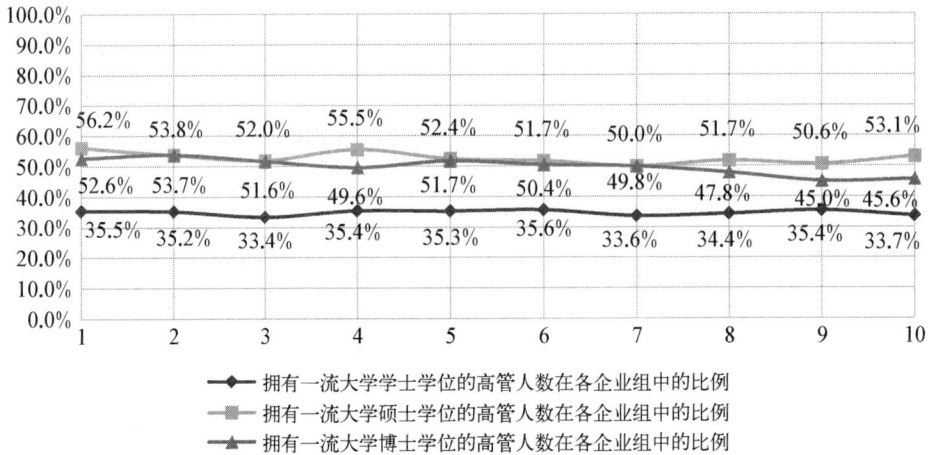

图 4-2　拥有一流大学学位的高管人数占各企业组本学位层次高管总人数中的比例

二、本科院校分布

在拥有学士学位的企业高管中,来自哈佛大学、宾夕法尼亚大学、斯坦福大学、普林斯顿大学、康奈尔大学等一流大学的毕业生人数众多(详见本章附录 4-1)。统计发现,高管毕业生人数排名前 50 位的大学大多位于美国。这些学校培养出的高管人才超过百人。我国香港地区的香港大学以 211 人位居榜单第 12 位,表现抢眼。香港大学在 QS 和 THE 全球大学排名中位居百强前列,综合实力不俗。除一流大学外,一些国家的"国内一流"但并非"世界一流"大学也有上佳表现:在亚洲地区,泰国的朱拉隆功大学培养了 159 位企业高管,位居第 25 位;在欧洲地区,以商科见长的博科尼大学培养了 148 位企业高管,位居第 34 位,在非洲地区,南非的金山大学培养了 132 位企业高管,位居第 40 位。此外,由于历史的原因,相当一部分企业高管还具有军事院校的本科背景,如美国西点军校、美国海军学院等。如此看来,在学士层次,高管人才培养并非世界一流大学的专属,表现出一定程度的"本土化"特征。

丁(Ding)、加尔伯特(Jalbert)、兰德里(Landry)等人曾对美国大型企业高管的毕业院校进行统计,对基于高管毕业生人数的排名名次与《美国新闻与世界报道》(USNews)中的全美大学排名名次展开研究,发现二者之间存在一定程度的相关性,以此说明大学人才培养水平与大学声誉相得益彰。[①] 不过,几位研究者仅对美国企业高管的毕业院校情况进行考察,且样本大学数量限定在 50 所,其结论可否推广到全球范畴尚待证实。在全球大学中,是否越是接近"世界一流"的学校,其培养出的企业高管人数也相应越多呢? 借鉴这一研究思路,本研究以大学为单位对高管毕业生人数进行统计,将基于高管毕业生人数的排名名次与 ARWU、QS、THE、USNews 等四个全球大学排名的名次作等级相关分析(详见表4-2)。

表4-2　学士层次高管毕业生人数的大学排名
名次与全球大学排名名次的相关性

观测院校	斯皮尔曼等级相关	相关系数	P 值
全球 500 强	ARWU 排名名次	0.385***	0.000
	QS 排名名次	0.285***	0.000
	THE 排名名次	0.446***	0.000
	USNews 排名名次	0.470***	0.000
全球 100 强	ARWU 排名名次	0.438***	0.001
	QS 排名名次	0.178	0.194
	THE 排名名次	0.293***	0.030
	USNews 排名名次	0.436***	0.001

注:***表示 1%的显著性水平。

在进入四个全球大学排名前 500 位的学校中,高管毕业生人数排名名次与大学排名名次之间在 1%水平呈显著的正相关关系,其中按照 USNews 排名名次测量的相关系数最大,为 0.470,按照 QS 排名名次测量的相关系数最小,为 0.285。由于本研究仅纳入含有薪酬收入的高管样本,因而这一结果与之前得到的研究结果略有出入。[②] 在进入四个全球大学排名前 100 位的学校(即一流大学)

① DING C, JALBERT T, LANDRY S P. The Relationship between University Rankings and Outcomes Measurement[J]. College Teaching Methods & Styles Journal, 2007, 3(2): 1-10.
② 陈沛,刘念才.全球万家企业高管教育背景与世界一流大学的关系研究[J].高等教育研究,2016,(11): 1-9.

中，相关分析显示，高管毕业生人数排名名次与大学排名名次之间的正向关系并未发生改变，有些相关系数也接近 500 所学校的测量结果，其中按照 ARWU 排名名次测量的相关系数最大，为 0.438，按照 THE 排名名次测量的相关系数最小，为 0.293。若按照 QS 排名名次测量则不存在显著相关。由于进入不同大学排名前列的学校存在差异，相关分析时，高管毕业生人数排名名次与全球大学排名名次的测量结果也会有所差异。但从总体趋势上看，在学士层次，排名越是靠前的大学，其培养出的企业高管人数也相应越多；越是接近"世界一流"的大学，高管毕业生人数也相应越多。因此，在本科阶段，一流大学在企业高管人才培养中具有一定贡献。分析结果说明，全球大学排名可以作为人才培养质量的测量工具，而基于企业高管的毕业生数量排名能够从一个侧面反映一流本科的教育水平。

三、硕士院校分布

在企业高管的硕士毕业院校中，哈佛大学一骑绝尘，以 1 549 人领跑毕业生人数排行榜。与本科毕业院校分布相比，企业高管的硕士毕业院校分布发生了一些变化。在前 10 位学校中，法国的欧洲工商管理学院映入眼帘，成为在美国学校以外培养企业高管人数最多的机构。在前 50 位学校中，一些以商科见长的大学荣登榜单，这些大学大量输出硕士高管毕业生，如瑞典的斯德哥尔摩经济学院（104 人，第 16 名）、挪威的挪威经济学院（73 人，第 23 名）、丹麦的哥本哈根商学院（54 人，第 42 名）等。我国的北京大学和清华大学同样表现不俗，分别以 74 人和 50 人位居榜单第 22 位和第 49 位（详见本章附录 4 - 2）。

在排名名次的相关性方面，500 所学校的测量结果显示，高管毕业生人数排名名次与 ARWU 排名名次的相关系数为 0.449，与 QS 排名名次的相关系数为 0.335，与 THE 排名名次的相关系数为 0.466，与 USNews 排名名次的相关系数为 0.498。以上四组相关结果均在 1‰ 水平显著，且 P 值为 0.000。与学士层次相比，硕士层次高管毕业生人数排名名次与全球大学排名名次的相关系数更大。100 所学校的测量结果显示，高管毕业生人数排名名次与 ARWU 排名名次的相关系数为 0.615，与 QS 排名名次的相关系数为 0.503，与 THE 排名名次的相关系数为 0.608，与 USNews 排名名次的相关系数为 0.585。以上四组相关结果均在 1‰ 水平显著，且 P 值为 0.000。由此可见，在硕士层次，高管毕业生人数排名名次与全球大学排名名次相关性较强（详见表 4 - 3）。

表 4‑3　硕士层次高管毕业生人数的大学排名
名次与全球大学排名名次的相关性

观测院校	斯皮尔曼等级相关	相关系数	P 值
全球 500 强	ARWU 排名名次	0.449***	0.000
	QS 排名名次	0.335***	0.000
	THE 排名名次	0.466***	0.000
	USNews 排名名次	0.498***	0.000
全球 100 强	ARWU 排名名次	0.615***	0.000
	QS 排名名次	0.503***	0.000
	THE 排名名次	0.608***	0.000
	USNews 排名名次	0.585***	0.000

注：***表示 1%的显著性水平。

硕士学位是介于学士学位和博士学位之间的学位，而硕士教育亦是研究生教育阶梯的第一级。通常来说，拥有硕士学位的人具备专业理论基础、独立思考能力以及问题导向的知识应用能力。同时，一流大学的硕士教育还可以提高研究能力，增强个体进入劳动力市场后的职业竞争力。由于本研究样本均是具有"连续教育经历"的企业高管，硕士学位绝非文凭符号，因而高管学位中的"一流"属性具有研究的现实意义。从相关分析结果看，在硕士层次，越是排名靠前的学校，其高管毕业生人数也越多，而在一流大学中，这一规律愈发凸显。与学士层次相比，在硕士层次，高管毕业生人数与"一流大学"之间的关联程度更高。这表明一流大学的硕士教育是企业高管人才培养的重要阶段。

四、博士院校分布

在博士层次，企业高管的毕业院校分布较为分散，但美国高校依旧在毕业生人数排名中具有绝对优势。本研究对超过 30 人的高管毕业院校进行统计（仅含有薪酬收入的样本，榜单见附录 4‑3），发现排名处于前 10 位的均为美国高校，分别是哈佛大学、斯坦福大学、芝加哥大学、宾夕法尼亚大学、麻省理工学院、密歇根大学、弗吉尼亚大学、纽约大学、乔治城大学和西北大学。在欧洲地区，瑞士的苏黎世大学和圣加仑大学、英国的剑桥大学和牛津大学进入了这一榜单。我国的香港理工大学和中国人民大学都有 30 位企业高管毕业生，并列排名第 27 位。

此外,研究样本中还有 79 位企业高管曾从事过博士后研究工作,他们分布在麻省理工学院(美国)、哈佛大学(美国)、斯坦福大学(美国)、曼彻斯特大学(英国)、卢布尔雅那大学(斯洛文尼亚)、巴塞尔大学(瑞士)、纳瓦拉大学(西班牙)、南开大学(中国)、中南财经政法大学(中国)等,其中美国高校 52 人、中国高校 13 人、英国高校 5 人。有 53 人来自一流大学的博士后流动站(平台),占这些企业高管人数的 67.1%。博士后履历反映出一部分企业高管具有很强的研究能力。

在排名名次的相关性方面,100 所学校的测量结果显示,博士层次高管毕业生人数排名名次与 ARWU 排名名次的相关系数为 0.610,P 值为 0.000;按照 QS 排名名次测量相关系数为 0.504,P 值为 0.001;按照 THE 排名名次测量的相关系数为 0.501,P 值为 0.001;按照 USNews 排名名次测量的相关系数为 0.567,P 值为 0.000。博士层次高管毕业生人数的排名名次与全球大学排名名次具有较强的相关性。对于一流大学而言,排名名次越是靠前,企业高管毕业生人数也相应越多。

博士学位是学位体系当中的最高一级,博士教育彰显学术性、研究性和创新性特点。拥有博士学位的企业高管不但具有系统的专业知识,而且往往带有一定的学术特质。从企业高管的博士毕业院校分布看,一流大学占据优势地位。而一流大学本来又是集学术性、研究性和创新性于一身的高等教育机构。因此,在最高学位层次,一流大学与博士教育共同发挥作用,使"博士高管"的身份得到进一步强化,高管教育背景与一流大学之间紧密愈加关联。

综合来看,无论是在学士层次、硕士层次还是博士层次,无论是对于本科毕业院校、硕士毕业院校还是博士毕业院校,企业高管教育背景中都具有较为明显的"一流大学"特征。

第二节　学位层次收入效应的模型建构

一、相关模型设计

在人力资本积累的过程中,教育数量和教育质量都是导致个体收入差异的重要因素。对企业高管而言,教育数量主要体现在受教育年限上,一般依靠学位层次进行衡量;教育质量主要体现在毕业院校上,可以依靠大学排名名次进行衡量。学位层次收入效应解释的是"教育数量既定时的毕业院校质量差异",即控制学位层次背景时毕业院校质量差异对企业高管收入的影响程度。

前面章节确定了企业高管收入效应模型的一般形式,在此基础上,本章主要就学位层次中的"一流大学效应"进行测量。在收入效应模型(4.1)中,因变量 $\ln W$ 表示企业高管年收入的自然对数;核心解释变量有企业高管的教育质量、工作经验和毕业院校质量,分别以 S、E 和 R 表示,回归系数依次是 β_1、β_2 和 φ,其中企业高管的教育数量由受教育年限变量进行代理,教育质量由毕业院校质量变量进行代理,工作经验则由工作年限进行代理,方程中同时包含工作年限的平方项;控制变量 X 中主要有组织绩效变量(企业年收入、净利润和总资产)和行业变量,η 为各控制变量的回归系数;α 和 ε 分别表示方程的截距项和随机扰动项。

$$\ln W = \alpha + \beta_1 \times S + \beta_2 \times E + \beta_3 \times E^2 + \Sigma \eta_i \times X_i + \varphi \times R + \varepsilon \qquad (4.1)$$

依据明瑟收入方程的效应模型,企业高管教育收益的估计可通过受教育年限和毕业院校质量变量的使用加以实现。在进行学位层次分析时,这种估计方法体现的是毕业院校质量在企业高管拥有的某一特定学位中的影响。不过,对于处在同一学位层次的群体来说,受教育年限对个人收入影响的估计显然是缺乏实际意义的,因此,当单独讨论同一学位层次的高管样本时,需要利用毕业院校质量变量代替受教育年限变量,对企业高管最高学位的收入效应进行估计。遵循霍尔沃森(Halvorsen)和帕姆奎斯特(Palmquist)在半对数模型中对虚拟变量系数的转换原则,[①]以及梅尔滕斯(Mertens)和罗布肯(Röbken)测量博士教育收益率的方法,[②]本研究建立以下方程:

$$\ln W = \alpha + \beta_1 \times R + \beta_2 \times E + \beta_3 \times E^2 + \Sigma \eta_i \times X_i + \varepsilon \qquad (4.2)$$

不难看出,方程(4.2)与明瑟收入方程的扩展形式非常相似。因变量 $\ln W$ 依然表示企业高管年收入的自然对数;核心解释变量为企业高管的教育质量和工作经验,分别以 R 和 E 表示,回归系数依次是 β_1 和 β_2,其中企业高管的教育质

---

① HALVORSEN R, PALMQUIST R. The Interpretation of Dummy Variables in Semilogarithmic Equations[J]. The American Economic Review, 1980, 70(3): 474-475.

② MERTENS A, RÖBKEN H. Does a Doctoral Degree Pay off? An Empirical Analysis of Rates of Return of German Doctorate Holders[J]. Higher Education, 2013, 66(2): 217-231.

量由毕业院校质量变量进行代理，工作经验则由工作年限进行代理，其他变量的含义与方程（4.1）中的变量含义相同。毕业院校质量变量是模型中的核心观测变量。

二、主要变量说明

在企业高管的年收入方面，针对企业高管的个人收入变量 W，明瑟收入方程的标准模型通常对其取自然对数处理。由于近年来国内外部分上市公司出现了"天价高管""1 元钱高管""零薪酬高管"等现象，本研究对此类样本作删除处理；为规避高管样本离群值可能对估计结果产生的影响，借鉴经济学领域方法，对企业高管的个人收入进行 1％到 99％缩尾处理。

在测量企业高管教育收益的相关模型中，工作经验变量涉及企业高管工作年限的估算。前文已对企业高管的受教育年限进行过估算，此处工作年限的估算方法与受教育年限的估算方法相似：如果企业高管履历中包含具体的工作年限信息，就按照其真实工作年限代入学位层次收入效应模型；如果企业高管履历中未显示任何工作年限信息，就通过"企业高管年龄－受教育年限－6"（一般假定 6 岁入学）的方法推算其工作年限。企业高管年龄则以数据采集时的实际年龄为准，或以"数据采集年份－出生年份"进行计算。因工作年限平方项前的回归系数一般较大，故作收缩 100 倍处理。

大学排名是测量毕业院校质量的有效工具，[①]而大学排名名次则实现了毕业院校质量这一变量的操作化。本研究中，毕业院校质量分为普通大学和一流大学两类，在此规定：普通大学是全球大学排名 100 位之后的高等教育机构；一流大学是进入四个全球大学排名中任意一个排名前 100 位的高等教育机构。本章采用以下规则确定企业高管毕业院校的排名名次：在同一学位层次中，选取四个排名中的最佳排名名次。如果企业高管在同一学位层次拥有两个或两个以上不同大学的学位，则选取这几个学校在四个排名中的最佳排名名次；在多个学位层次中，选取四个排名中最佳排名院校的排名名次。如果企业高管在多个学位层次拥有两个或两个以上不同大学的学位，则同样选取这几个学校在四个排名中的最佳排名名次；不划分学位层次分析时，选取最高学位中毕业院校的最佳

---

① SAKAMOTO A, CHEN M D. The Effect of Schooling on Income in Japan[J]. Population Research and Policy Review，1992，11(3)：217-232.

排名名次。稳健性测试中，ARWU、QS、THE 和 USNews 排名名次分别作为衡量毕业院校质量的依据。

企业高管毕业院校的大学排名名次被划分为"0－1"虚拟变量的区间形式，在取值时，对拥有普通大学学位的企业高管样本取"0"，对拥有一流大学学位的企业高管样本取"1"。在最高学位为硕士的企业高管中，本科阶段的毕业院校会对硕士学位收入效应的估计结果产生影响。在最高学位为博士的企业高管中，本科阶段和硕士阶段的毕业院校均会对博士学位收入效应的估计结果产生影响。鉴于此，本研究通过拆分样本的方式，将最高学位为硕士的企业高管分成两组：拥有普通大学学士学位的企业高管（11 297 人）、拥有一流大学学士学位的企业高管（4 965 人）；将最高学位为博士的企业高管分成两组：拥有普通大学学士学位和普通大学硕士学位的企业高管（3 135 人）、拥有一流大学学士学位或一流大学硕士学位的企业高管（2 841 人）。

在各个学位层次中，毕业院校质量分为本科毕业院校质量、硕士毕业院校质量和博士毕业院校质量，分别对应拥有学士学位的企业高管、拥有硕士学位的企业高管和拥有博士学位的企业高管。

三、样本描述统计

全部样本数据中，企业高管的平均年收入为 110.61 万美元。最高学位为学士的企业高管平均年收入为 113.27 万美元，最高学位为硕士的企业高管平均年收入达到 123.04 万美元，最高学位为博士的企业高管平均年收入为 99.60 万美元。

由表 4－4 可知，取自然对数后，最高学位为硕士的企业高管平均年收入最高，最高学位为博士的企业高管平均年收入最低。单从描述性统计结果看，企业高管年收入最大值和最小值均出现在硕士群体之中。从收入标准差看，最高学位为学士、硕士和博士的企业高管依次为 1.71、1.68 和 1.60。可见，企业高管所处的学位层次越高，其收入波动幅度也相对越小。

工作经验方面，企业高管平均拥有 34.33 年工龄，"久经沙场"的商界老将人数众多。其中效力时间最长的是一位 1920 年出生的企业高管（报告收入的样本），他的工作年限已经达到惊人的 75 年。工作年限最短的企业高管是三位 1990 年以后出生的年轻人，他们仅有 1 年实战经验。最高学位为学士的企业高

表 4 - 4　企业高管个人收入和工作经验变量的描述性统计

样本分组	变量名称	企业高管个人收入	工 作 经 验	
	变量符号	lnW	E	E^2
	变量含义	年收入的自然对数	工作年限	工作年限平方×10^{-2}
全部企业高管样本(38 670)	平均值	12.39	34.33	12.65
	标准差	1.77	9.26	6.49
	最大值	18.78	75.00	56.25
	最小值	4.16	1.00	0.01
	中位值	12.28	34.00	11.56
最高学位为学士的企业高管样本(14 728)	平均值	12.51	36.29	14.02
	标准差	1.71	9.21	6.77
	最大值	18.35	71.00	50.41
	最小值	4.23	1.00	0.01
	中位值	12.30	36.00	12.96
最高学位为硕士的企业高管样本(16 262)	平均值	12.57	32.83	11.56
	标准差	1.68	8.81	5.86
	最大值	18.78	66.00	43.56
	最小值	4.16	2.00	0.04
	中位值	12.35	33.00	10.89
最高学位为博士的企业高管样本(5 976)	平均值	12.39	29.51	9.21
	标准差	1.60	8.89	5.81
	最大值	18.01	63.00	39.69
	最小值	6.14	4.00	0.16
	中位值	12.30	30.00	9.00

注：(1) 企业高管年收入换算前的基本单位为百万美元；(2) 括号内为每组企业高管的样本观测数；(3) 本表中的样本平均值为整体样本缩尾前的结果，下同。

管平均工作 36.29 年，最高学位为硕士的企业高管平均工作 32.83 年，最高学位为博士的企业高管平均工作 29.51 年。就总体趋势而言，学位层次越高的企业高管工作年限也相应越短。而从工作年限的标准差看，最高学位为硕士的企业高管工作年限波动幅度最小(8.81),最高学位为学士的企业高管工作年限波动幅度最大(9.21)。

第三节 学士学位对企业高管收入影响

一、基本回归结果

基于明瑟收入方程,本节首先关注本科毕业院校质量对企业高管收入的影响,并采用逐步回归的方式进行估计。在表4-5中,基础模型未加入任何控制变量,扩展模型加入了组织绩效和行业两组控制变量,效应模型则更进一步,在扩展模型基础上加入了企业高管在学士学位中的毕业院校质量变量。

表4-5 一流大学学士学位对企业高管收入影响

模型分类	基础模型	扩展模型	效应模型
受教育年限	0.048*** (0.004)	0.024*** (0.004)	0.021*** (0.004)
工作年限	0.051*** (0.005)	0.038*** (0.005)	0.039*** (0.005)
工作年限的平方×10^{-2}	−0.121*** (0.007)	−0.106*** (0.007)	−0.107*** (0.007)
组织绩效		控制	控制
行业		控制	控制
一流大学学士学位			0.289*** (0.017)
截距项	11.29*** (0.122)	10.90*** (0.133)	10.87*** (0.133)
观测数	38 670	38 670	38 670
R^2	0.043	0.106	0.112

注:(1) 模型F值在1%水平显著;(2) ***、**、*分别表示1%、5%、10%的显著性水平;(3) 括号内为异方差稳健标准误。

从回归结果看,受教育年限与企业高管收入呈显著正相关,工作年限与企业高管收入呈显著正相关,工作年限的平方项与企业高管收入呈显著负相关,符合人力资本理论假说。在统计检验方面,模型的F值均在1%水平显著;基础模型的拟合优度为 4.3％,表示模型中各要素对企业高管收入的解释力度为 4.3％;加入两组控制变量后,扩展模型的拟合优度明显提高,达到 10.6％;而加入毕业院校质量变量后,效应模型的拟合优度升至 11.2％,解释力度进一步增强。计量检验结果显示,膨胀系数(VIF)为 5.91,位于 10 以内,因此各变量之间不存在严重的多重共线性问题。此外,为应对横截面数据可能产生的异方差问题,所有模型均采用稳健回归(Robust),在结果中还报告了异方差稳健标准误。

针对受教育年限对企业高管收入的影响,三类模型的回归系数依次递减,分别为 0.048、0.024 和 0.021。回归系数代表了企业高管的教育收益率:在基础模型中,企业高管每增加 1 年大学教育,收入增加约 4.8％;加入控制变量后,企业高管每增加 1 年大学教育,收入增加约 2.4％;在效应模型中,企业高管每增加 1 年大学教育,收入增加约 2.1％。

针对工作年限对企业高管收入的影响,基础模型的回归系数较大,为 0.051,效应模型的回归系数为 0.039,略大于扩展模型的回归系数。即从效应模型看,工作年限对企业高管收入的影响较大:企业高管每多增加 1 年工作时间,其个人收入大约可以提升 3.9％。

在毕业院校质量方面,与拥有普通大学学士学位和没有学士学位的企业高管相比,拥有一流大学学士学位的企业高管收入要高出 33.5％($e^{0.289}-1$)。倘若排除未取得学士学位的企业高管样本,拥有一流大学学士学位的企业高管收入要高出 15.1％。需要说明的是,以上结果是基于参照群体估计的一流大学的收入效应,并未排除更高的学位——硕士和博士学位对企业高管收入的影响。同时,加入毕业院校质量变量使受教育年限的回归系数减小,说明一流大学学位在一定程度上稀释了受教育年限对企业高管收入的影响。

在最高学位为学士的企业高管中,拥有一流大学学位的企业高管要比拥有普通大学学位的企业高管收入更高。表 4-6 中,一流大学学士学位与企业高管收入呈显著正相关,工作年限与企业高管收入呈显著正相关,工作年限的平方项与企业高管收入呈显著负相关。无论是否加入控制变量,模型均在 1％水平显著;依次加入组织绩效变量后,模型的拟合优度提高到 8.9％,解释力度明显增强。加入行业变量后,第三个模型的拟合优度达到 10.8％,模型的膨胀系数(VIF)为 6.26,小于 10,不存在严重的多重共线性。

表 4-6　一流大学背景对最高学位为学士的企业高管收入影响

模 型 分 类	基础模型	加入组织绩效变量	再加入行业变量
一流大学学士学位	0.084***	0.068**	0.064**
	(0.028)	(0.028)	(0.027)
工作年限	0.048***	0.036***	0.036***
	(0.009)	(0.009)	(0.008)
工作年限的平方×10^{-2}	−0.118***	−0.105***	−0.105***
	(0.012)	(0.012)	(0.012)
组织绩效		控制	控制
行业			控制
截距项	12.41***	11.38***	11.56***
	(0.163)	(0.182)	(0.189)
观测数	14 728	14 728	14 728
R^2	0.050	0.089	0.108

注：(1) 模型 F 值在 1% 水平显著；(2) ***、**、*分别表示 1%、5%、10%的显著性水平；(3) 括号内为异方差稳健标准误。

　　从学士学位对企业高管收入影响看，不加入控制变量时，一流大学学士学位对企业高管收入具有显著正向影响，回归系数为 0.084；加入组织绩效变量后，一流大学学士学位依然具有显著正向影响，但回归系数减少至 0.068，并且在 5%水平显著；加入两组控制变量后，回归系数为 0.064，在 5%水平显著。通过系数转换得知，最高学位为一流大学学士的企业高管要比最高学位为普通大学学士的企业高管收入高出 6.6%，即一流大学的收入效应。

　　此外，在这一模型中，工作年限对收入的影响显著为正，工作年限的平方项对收入的影响显著为负。实证结果表明，在某些情境下，学位层次变量可以作为受教育年限的替代变量应用于教育收益的研究之中。

二、稳健测试分析

　　为检验毕业院校质量与企业高管收入之间的正向关系，本章采用替换变量法，测量使用不同大学排名的名次作为毕业院校质量代理变量时的实证结果。由表 4-7 可见，使用不同大学排名名次后，效应模型中的受教育年限和工作年限仍然与企业高管收入保持显著正相关，工作年限的平方项与企业高管收入保持显著负相关。在拟合优度方面，使用 ARWU 和 USNews 排名名次后，R^2 为 11.3%，超过了取四个大学排名中最佳名次时的结果；使用 QS 排名名次后，模型的拟合优度最小，为 10.8%；使用 THE 排名名次后，模型的拟合优度为 11.0%。此外，模型 F 值均在 1% 水平显著，且不存在严重的多重共线性问题。

表 4-7 一流大学学士学位对企业高管收入影响的稳健性测试

大 学 排 名	ARWU	QS	THE	USNews
受教育年限	0.019***	0.022***	0.021***	0.019***
	(0.004)	(0.004)	(0.004)	(0.004)
工作年限	0.039***	0.039***	0.039***	0.039***
	(0.005)	(0.005)	(0.005)	(0.005)
工作年限的平方×10^{-2}	−0.109***	−0.107***	−0.108***	−0.108***
	(0.007)	(0.007)	(0.007)	(0.007)
一流大学学士学位	0.342***	0.186***	0.252***	0.350***
	(0.018)	(0.018)	(0.018)	(0.018)
组织绩效	控制	控制	控制	控制
行业	控制	控制	控制	控制
截距项	10.88***	10.90***	10.90***	10.89***
	(0.132)	(0.133)	(0.133)	(0.132)
观测数	38 670	38 670	38 670	38 670
R^2	0.113	0.108	0.110	0.113

注：(1) 模型 F 值在 1% 水平显著；(2) ***、**、* 分别表示 1%、5%、10% 的显著性水平；(3) 括号内为异方差稳健标准误。

针对受教育年限对企业高管收入的影响，回归结果显示，企业高管每增加 1 年大学教育，收入增加约 1.9%（ARWU 和 USNews 排名名次）到 2.2%（QS 排名名次）。企业高管教育收益率的测量结果相对稳健。

企业高管每增加 1 年工作时间，收入增加约 3.9%（四个大学排名名次）。

与拥有普通大学学士学位和没有学士学位的企业高管相比，拥有一流大学学士学位的群体收入显著高于前者。其中，按照 ARWU 排名名次估计，一流大学的收入效应为 40.8%；按照 QS 排名名次估计，一流大学的收入效应为 20.4%；按照 THE 排名名次估计，一流大学的收入效应为 28.7%；按照 USNews 排名名次估计，一流大学的收入效应最大，为 41.9%。倘若排除没有学士学位的企业高管样本，使用四个大学排名名次估计的收入效应分别为 24.0%、5.3%、

12.9％和25.1％。

表4-8报告了第二组稳健性测试结果,主要针对不同大学排名的名次作为代理变量时,一流大学背景对最高学位为学士的企业高管收入影响。可以看到,当ARWU和USNews排名名次作为代理变量时,一流大学背景对最高学位为学士的企业高管收入具有显著正向影响,一流大学的收入效应分别为15.4％和19.1％。可以预见,在控制其他条件时,一流大学学士学位对企业高管收入增加有显著促进作用。但若以另外两个大学排名名次作为代理变量,一流大学背景对最高学位为学士的企业高管收入影响则不显著。从某种意义上讲,ARWU和USNews排名名次可以作为衡量毕业院校质量的有效工具。

表4-8　一流大学背景对最高学位为学士的
企业高管收入影响的稳健性测试

大 学 排 名	ARWU	QS	THE	USNews
一流大学学士学位	0.143***	−0.047	0.044	0.175***
	(0.029)	(0.029)	(0.030)	(0.029)
工作年限	0.037***	0.035***	0.036***	0.037***
	(0.008)	(0.008)	(0.008)	(0.008)
工作年限的平方×10^{-2}	−0.107***	−0.104***	−0.105***	−0.107***
	(0.012)	(0.012)	(0.012)	(0.012)
组织绩效	控制	控制	控制	控制
行业	控制	控制	控制	控制
截距项	11.53***	11.60***	11.58***	11.53***
	(0.189)	(0.188)	(0.189)	(0.189)
观测数	14 728	14 728	14 728	14 728
R^2	0.109	0.108	0.108	0.110

注:(1)模型F值在1％水平显著;(2)***、**、*分别表示1％、5％、10％的显著性水平;(3)括号内为异方差稳健标准误。

三、收入效应分析

一流大学效应指的是一流大学学位对企业高管个人收入的影响程度,即一流大学的收入效应。在学士层次,一流大学的收入效应指的是一流大学学士学位带给企业高管的个人收益。对于这种收入效应,可以从测量方法和估计结果两方面分析。

在不同的模型中,企业高管的个人收入受到各个变量不同程度的解释。比较一流大学学士学位对全部高管样本和最高学位为学士的高管样本的测量方法,研究发现：随着新变量的加入,模型(4.1)和模型(4.2)的拟合优度都在逐步提升。与模型(4.1)相比,缺少受教育年限变量的模型(4.2)并没有"丢失"更多的解释力度,R^2同样保持在11％左右。替换排名名次后,稳健性测试也得到了相似的拟合优度。由此看出,分析企业高管的收入效应时,毕业院校质量可以作为教育变量有效测量个人收益。

在测量收入效应时,模型(4.1)和模型(4.2)在核心自变量的选择上有所不同。虽然二者都关注教育对个人收益的影响,但前者是以明瑟收入方程中的受教育年限和工作年限为首要观测对象,另外加入毕业院校质量,使得一流大学学位成为测量企业高管收入"溢价"的部分；后者则直接选取毕业院校质量作为核心观测对象,使得一流大学学位成为测量同一学位层次群体收入"差异"的部分。

采用不同的测量方法,模型自然也会得到不同的估计结果。模型(4.1)得到的一流大学收入效应为33.5％和15.1％(排除没有学士学位的企业高管样本),模型(4.2)得到的一流大学收入效应仅为6.6％,二者在数值上差异较大,这说明混入其他学位层次的高管样本可能放大了学士层次一流大学的收入效应。

从稳健性测试的结果看,选用ARWU排名和USNews排名估计的收入效应要比选用QS排名和THE排名估计的收入效应更大,这说明ARWU排名和USNews排名能够对百强大学和非百强大学高管毕业生的收入水平加以分化,在学士层次形成比较明显的收入级差。在最高学位为学士的稳健性测试中,选用QS排名和THE排名没有测量出一流大学背景的影响,这说明并非所有的全球大学排名都能作为测量一流大学收入效应的有效工具。

此外,一流大学学位会稀释受教育年限对企业高管收入的一部分影响。

综上所述,"一流大学效应"存在于学士学位对企业高管收入的影响之中,一流大学的学士学位能够促进企业高管收入的增加。

第四节　硕士学位对企业高管收入影响

一、基本回归结果

在明瑟收入方程的效应模型中,与一流大学学士学位的情况相似,一流大学硕士学位同样对企业高管收入具有显著的正向影响。回归结果表明,受教育年限、工作年限与企业高管收入呈显著正相关,工作年限的平方项与企业高管收入呈显著负相关,符合人力资本理论假说。加入硕士毕业院校质量后发现,一流大学学位与企业高管收入呈显著正相关。

统计检验显示,模型在 1% 水平显著。与扩展模型相比,加入毕业院校质量变量后,效应模型的拟合优度上升至 10.7%。计量检验显示,膨胀系数(VIF)为 5.92,位于 10 以内,模型不存在严重的多重共线性问题。

针对受教育年限对企业高管收入的影响,研究发现,加入硕士毕业院校质量后,企业高管每增加 1 年大学教育,收入增加约 1.6%。与加入本科毕业院校质量相比,加入硕士毕业院校质量后,企业高管的教育收益率降低(从 2.1% 到 1.6%)。如此看来,企业高管的硕士毕业院校质量对受教育年限作用的稀释作用更强。

针对工作年限对企业高管收入的影响,研究发现,加入硕士毕业院校质量后,企业高管每增加 1 年工作时间,收入增加约 3.7%。这一结果同样低于加入本科毕业院校质量时的情况(3.9%)。

企业高管毕业院校质量的回归系数为 0.132,转换为一流大学的收入效应为 14.1%,即拥有一流大学硕士学位的企业高管要比拥有普通大学硕士学位和没有硕士学位的企业高管收入高出 14.1%。但是,这一方法仅仅是基于参照群体估计的"一流大学效应",并没有排除包含博士学位的高管样本对收入的影响。也就是说,对于那些拥有一流大学硕士学位的"博士高管",我们难以分辨究竟是硕士学位还是博士学位作用更大。因此,以下研究将采用拆分样本的方法,对最高学位为硕士的企业高管的收入效应进行估计。

表 4-9 反映了一流大学背景对最高学位为硕士的企业高管收入影响。对于最高学位为硕士的全部高管样本,回归结果显示:模型在 1% 水平显著,拟合优度为 10.0%,膨胀系数(VIF)为 6.73;毕业院校质量和工作年限与因变量企业高管收入呈显著正相关,工作年限的平方项与企业高管收入呈显著负相关。在控制其他条件的情况下,拥有一流大学硕士学位的企业高管比拥有普通大学硕士学位的企业高管收入高出 18.6%,其效应已然超过了全样本回归中一流大学硕士学位对企业高管收入的影响。

更进一步,企业高管拥有的学士学位可能在硕士学位收入效应中的作用不同。为区分一流大学硕士学位对具有不同本科毕业院校背景的企业高管收入影

表4-9   一流大学背景对最高学位为硕士的企业高管收入影响

最高学位为硕士的 企业高管	最高学位为硕士的 全体企业高管	拥有普通大学学士 学位的企业高管	拥有一流大学学士 学位的企业高管
一流大学硕士学位	0.171*** (0.024)	0.208*** (0.030)	−0.079 (0.052)
工作年限	0.048*** (0.008)	0.058*** (0.010)	0.027** (0.013)
工作年限的平方×10^{-2}	−0.126*** (0.012)	−0.142*** (0.015)	−0.096*** (0.019)
组织绩效	控制	控制	控制
行业	控制	控制	控制
截距项	10.83*** (0.169)	10.63*** (0.207)	11.40*** (0.291)
观测数	16 262	11 297	4 965
R^2	0.100	0.101	0.101

注：(1) 模型 F 值在1%水平显著；(2) ***、**、*分别表示1%、5%、10%的显著性水平；(3) 括号内为异方差稳健标准误。

响,研究对最高学位为硕士且拥有普通大学学士学位的高管样本、最高学位为硕士且拥有一流大学学士学位的高管样本分别进行回归。在拥有普通大学学士学位的企业高管中,一流大学硕士学位对个人收入具有显著的正向影响。与拥有普通大学硕士学位的企业高管相比,拥有一流大学硕士学位的企业高管收入高出23.1%。不过,在拥有一流大学学士学位的企业高管中,一流大学硕士学位对企业高管收入的影响并不显著。能够预测的是,一流大学硕士学位促进了本科毕业于普通大学的企业高管收入增加。

最后,本研究还对工商管理硕士(MBA)学位是否影响企业高管收入进行考察。结果发现,在控制了受教育年限、工作年限、组织绩效、行业等其他条件时,全样本回归中,与没有工商管理硕士学位的企业高管相比,拥有工商管理硕士学位的企业高管收入高出34.8%;在含有硕士学位的高管样本回归时,工商管理硕士学位的收入效应为33.5%;在最高学位为硕士的企业高管中,与没有工商管理硕士学位的企业高管相比,拥有工商管理硕士学位的企业高管收入高出46.8%,其中如果本科毕业院校为普通大学,则工商管理硕士学位的收入效应为66.5%,如果本科毕业院校为一流大学,则工商管理硕士学位的收入效应为24.9%。也就是说,对于那些拥有普通大学学士学位的企业高管,工商管理硕士学位能够大大促进其个人收入的增加。

在拥有工商管理硕士学位的企业高管中,与没有一流大学工商管理硕士学位的企业高管相比,拥有一流大学工商管理硕士学位的企业高管收入高出13.4%,即一流大学工商管理硕士学位的收入效应为13.4%;如果本科毕业院校为普通大学,则一流大学工商管理硕士学位的收入效应为19.4%,如果本科毕业院校为一流大学,则一流大学工商管理硕士学位不具有显著影响。这些结果低于最高学位为硕士的企业高管的一流大学收入效应,说明虽然工商管理硕士学位能在很大程度上促进企业高管收入的增加,但是相比于一流大学的其他类型硕士学位,一流大学的工商管理硕士学位能够带来的个人收益要低。

值得说明的是,本研究全部样本并不包含在职攻读学位的企业高管,而且,不同大学工商管理硕士教育的内涵也存在着不小的差异。因此,以上结果只能部分解释工商管理硕士学位及一流大学工商管理硕士学位所带来的个人收益。

二、稳健测试分析

在全样本回归中,通过使用不同大学排名的名次作为硕士毕业院校质量的代理变量,可以发现,无论使用何种大学排名的名次,模型均在1%水平显著,主要自变量与因变量之间的相关关系并未发生改变。在控制了组织绩效和行业因素时,受教育年限、工作年限均与企业高管收入呈显著正相关,工作年限的平方项与企业高管收入呈显著负相关,硕士毕业院校质量与企业高管收入呈显著正相关。从拟合优度来看,使用四个大学排名名次作为代理变量后,R^2在模型中相差不大,分别为 10.8%(ARWU)、10.6%(QS)、10.7%(THE)和 10.8%(USNews)。回归均使用异方差稳健标准误,且均不存在多重共线性问题(见表 4 - 10)。

表 4 - 10　一流大学硕士学位对企业高管收入影响的稳健性测试

大 学 排 名	ARWU	QS	THE	USNews
受教育年限	0.014*** (0.004)	0.020*** (0.004)	0.017*** (0.004)	0.014*** (0.004)
工作年限	0.037*** (0.005)	0.038*** (0.005)	0.038*** (0.005)	0.037*** (0.005)
工作年限的平方×10⁻²	−0.105*** (0.007)	−0.106*** (0.007)	−0.105*** (0.007)	−0.105*** (0.007)

（续表）

大 学 排 名	ARWU	QS	THE	USNews
一流大学硕士学位	0.185***	0.087***	0.138***	0.195***
	(0.019)	(0.019)	(0.019)	(0.019)
组织绩效	控制	控制	控制	控制
行业	控制	控制	控制	控制
截距项	11.04***	10.97***	11.01***	11.05***
	(0.134)	(0.134)	(0.134)	(0.134)
观测数	38 670	38 670	38 670	38 670
R^2	0.108	0.106	0.107	0.108

注：(1) 模型 F 值在 1% 水平显著；(2) ***、**、* 分别表示 1%、5%、10% 的显著性水平；(3) 括号内为异方差稳健标准误。

针对受教育年限对企业高管收入的影响，企业高管每增加 1 年大学教育，收入增加约 1.4%（ARWU 和 USNews 排名名次）到 2.0%（QS 排名名次）。

企业高管每增加 1 年工作时间，收入增加约 3.7%（ARWU 和 USNews 排名名次）到 3.8%（QS 和 THE 排名名次）。

与拥有普通大学硕士学位和没有硕士学位的企业高管相比，拥有一流大学硕士学位的企业高管收入更高。其中，按照 ARWU 排名名次估计，一流大学的收入效应为 20.3%；按照 QS 排名名次估计，一流大学的收入效应为 9.1%；按照 THE 排名名次估计，一流大学的收入效应为 14.8%，与之前的实证结果最为接近；按照 USNews 排名名次估计，一流大学的收入效应为 21.5%。

在最高学位为硕士的企业高管中，无论以哪个大学排名名次作为代理变量，毕业院校质量对企业高管收入均具有显著的正向影响。其中，按照 ARWU 排名名次估计，一流大学的收入效应为 26.9%；按照 QS 排名名次估计，一流大学的收入效应为 10.5%；按照 THE 排名名次估计，一流大学的收入效应为 18.4%；按照 USNews 排名名次估计，一流大学的收入效应为 28.2%。

对比之前的回归结果，不难发现，选取 USNews 的排名名次作为硕士毕业院校质量的代理变量时，企业高管的一流大学收入效应最大；选取 THE 排名名次作为毕业院校质量的代理变量时，稳健性测试结果与实证结果最为接近。

再看一流大学硕士学位对拥有普通大学学士学位和一流大学学士学位企业高管的各自影响。表 4-11 的回归结果所示，随着学位层次和毕业院校质量的提升,一流大学的硕士学位为拥有普通大学学士学位的企业高管带来更高的个人收益。其中,按照 ARWU 排名名次估计,一流大学的收入效应为 31.9%;按照 QS 排名名次估计,一流大学的收入效应为 15.7%;按照 THE 排名名次估计,一流大学的收入效应为 25.0%;按照 USNews 排名名次估计,一流大学的收入效应为 33.4%。THE 排名名次的估计结果同样最接近基本回归的实证结果。

表 4 - 11　一流大学硕士学位对拥有普通大学学士
学位企业高管收入影响的稳健性测试

大 学 排 名	ARWU	QS	THE	USNews
一流大学硕士学位	0.277***	0.146***	0.223***	0.288***
	(0.030)	(0.030)	(0.030)	(0.030)
工作年限	0.057***	0.059***	0.058***	0.058***
	(0.010)	(0.010)	(0.010)	(0.010)
工作年限的平方×10^{-2}	−0.142***	−0.143***	−0.143***	−0.142***
	(0.015)	(0.015)	(0.015)	(0.015)
组织绩效	控制	控制	控制	控制
行业	控制	控制	控制	控制
截距项	10.63***	10.65***	10.64***	10.65***
	(0.206)	(0.208)	(0.207)	(0.207)
观测数	11 297	11 297	11 297	11 297
R^2	0.104	0.099	0.102	0.105

注:(1) 模型 F 值在 1% 水平显著;(2) ***、**、*分别表示 1%、5%、10%的显著性水平;(3) 括号内为异方差稳健标准误。

对于拥有一流大学学士学位的企业高管,当使用 ARWU 和 USNews 排名名次时,一流大学硕士学位对企业高管收入的影响并不显著;当使用 QS 和 USNews 排名名次时,一流大学硕士学位对企业高管收入分别在 1% 和 10% 水平具有显著的负向影响。测试结果表明,一流大学硕士学位不能促进本科毕业于一流大学的企业高管的收入增加。

三、收入效应分析

在硕士层次,一流大学效应指的是一流大学硕士学位带给企业高管的个人收益。通过计量模型,研究发现,硕士毕业院校质量对企业高管收入具有显著影响,并且分别体现在全部高管样本和最高学位为硕士的高管样本之中。不考虑其他学位对硕士学位的影响时,企业高管在硕士层次的一流大学收入效应为14.1%,而在最高学位为硕士的企业高管中,一流大学收入效应为18.6%。可见,排除了受教育年限和博士学位的影响,一流大学硕士学位对企业高管收入的影响更大。在使用不同的排名工具进行估计时,THE排名名次作为毕业院校质量的代理变量将会更加有效,而USNews排名名次则较高地估计了一流大学硕士学位对企业高管收入的影响。

在最高学位为硕士的企业高管中,对于拥有不同学士学位的企业高管,一流大学硕士学位具有不同的收入影响:一流大学硕士学位能促进拥有普通大学学士学位企业高管的收入增加,其一流大学效应为23.1%;然而,一流大学硕士学位却不能促进拥有一流大学学士学位企业高管的收入增加。在企业高管的收入效应中,"本科一流"和"硕士一流"发生了相互抵消的作用。一流大学硕士学位对于普通大学毕业生价值更高。四个全球大学排名名次的估计结果存在差异,同样,THE排名最有效,USNews排名估计的一流大学收入效应最大。

工商管理硕士学位对企业高管收入具有正向影响,但对于拥有不同学士学位的群体有所不同:对于那些本科毕业于一流大学的企业高管来说,如果拥有工商管理硕士学位,个人收入会得到一定幅度提升;对于那些本科毕业于普通大学的企业高管来说,如果拥有工商管理硕士学位,个人收入能得到大幅度提升。在连续受教育过程中,那些毕业于普通大学的学生若能通过商科教育获得更高学历,或许将对未来发展有所裨益。

不过,一流大学的工商管理硕士学位对本科毕业于一流大学的企业高管不具有显著影响。在最高学位为硕士的高管中讨论,相比于一流大学的工商管理硕士学位,一流大学的其他类型硕士学位似乎能带来更大的收入回报。仅从企业高管教育收益的视角看,在本科毕业以后,如果有机会到一流大学继续深造,攻读其他类型硕士学位要优于攻读工商管理硕士学位。

第五节　博士学位对企业高管收入影响

一、基本回归结果

博士学位是大学教育阶段的最高学位。拥有博士学位的企业高管接受了较长时间的学术训练,一般具有较强的学习能力与研究能力。然而,与最高学位为学士和硕士的企业高管相比,最高学位为博士的企业高管平均年收入相对较低。那么,在其他条件既定时,拥有博士学位特别是一流大学的博士学位到底能为企业高管带来怎样的个人收益?

按照博士毕业院校的排名名次,研究首先对博士学位在全部高管样本中的收入效应进行测量。在加入博士毕业院校质量变量的效应模型中,受教育年限、工作年限与企业高管收入呈显著正相关,工作年限的平方项与企业高管收入呈显著负相关。模型在 1% 水平显著,且 R^2 为 10.9%,较扩展模型的拟合优度有所增加。模型的膨胀系数(VIF)为 5.96,因而不存在严重的多重共线性问题。

针对受教育年限对企业高管收入的影响,回归系数显示,企业高管每多增加 1 年大学教育,收入增加约 5.4%。这一系数超过了基础模型和效应模型中该变量的回归系数,也明显高于代入本科或硕士毕业院校质量时的教育收益率。说明选择博士毕业院校质量变量后,受教育年限对企业高管收入的影响变大,博士教育的人力资本作用得以凸显。

针对工作年限对企业高管收入的影响,回归系数与扩展模型中的该项系数相同,即企业高管每多增加 1 年大学教育,收入增加约 3.8%。"博士高管"的工作经验也不会引起个人收入的太大变化。

在毕业院校质量方面,与学士学位和硕士学位不同的是,一流大学博士学位与企业高管收入呈显著负相关,回归系数为 −0.428。这意味着与拥有普通大学博士学位和没有博士学位的企业高管相比,拥有一流大学博士学位的企业高管收入更低,收入效应为 34.8%($1-e^{-0.428}$)。如此看来,描述性统计结果与教育收益的计量结果都反映出博士学位对企业高管收入的负面作用。

在最高学位为博士的企业高管中,一流大学博士学位对企业高管收入的影响并不显著,且无论企业高管是拥有普通大学的学士和硕士学位,还是拥有一流大学的学士或硕士学位。由于工作年限少于 5 年的博士样本仅为 10 人,因而研究排除了博士刚刚入职即成为企业高管的大样本可能。

二、稳健测试分析

由不同的大学排名名次对毕业院校质量变量进行代理,研究分别考察了博士学位对企业高管收入的影响。使用不同大学排名名次时,模型中的受教育年限和工作年限与企业高管收入均呈显著正相关,工作年限的平方项与企业高管收入呈显著负相关。从拟合优度来看,分别使用 ARWU、QS、THE 和 USNews 排名名次时,模型的 R^2 相差不大。模型 F 值均在 1% 水平显著,且不存在严重的多重共线性问题(见表 4 - 12)。

表 4 - 12 一流大学博士学位对企业高管收入影响的稳健性测试

大 学 排 名	ARWU	QS	THE	USNews
受教育年限	0.041***	0.043***	0.042***	0.039***
	(0.005)	(0.005)	(0.005)	(0.005)
工作年限	0.038***	0.038***	0.038***	0.038***
	(0.005)	(0.005)	(0.005)	(0.005)
工作年限的平方×10^{-2}	−0.105***	−0.105***	−0.105***	−0.105***
	(0.007)	(0.007)	(0.007)	(0.007)
一流大学博士学位	−0.307***	−0.371***	−0.341***	−0.280***
	(0.036)	(0.037)	(0.036)	(0.036)
组织绩效	控制	控制	控制	控制
行业	控制	控制	控制	控制
截距项	10.61***	10.57***	10.59***	10.64***
	(0.140)	(0.140)	(0.140)	(0.140)
观测数	38 670	38 670	38 670	38 670
R^2	0.107	0.108	0.107	0.107

注:(1) 模型 F 值在 1% 水平显著;(2) ***、**、* 分别表示 1%、5%、10% 的显著性水平;(3) 括号内为异方差稳健标准误。

针对受教育年限对企业高管收入的影响,回归结果显示,企业高管每增加 1 年大学教育,收入增加约 3.9%(USNews 排名名次)到 4.3%(QS 排名名次)。也就是说,与之前得到的结果相比,按照不同大学排名名次各自估计的教育收益率均低于取四个大学排名中最佳名次估计的教育收益率(5.4%)。

针对工作年限对企业高管收入的影响,回归结果显示,企业高管每增加 1 年工作时间,收入增加约 3.8%(四个大学排名名次)。稳健性测试结果与之前得到的估计结果完全一致。

从博士毕业院校质量看,一流大学博士学位对企业高管收入在 1% 水平具有显著的负向影响,但各个大学排名名次估计的收入效应(绝对值)要低于按照四个大学排名中的最佳名次估计的收入效应。其中,按照 ARWU 排名名次估计,一流大学的收入效应为26.4%;按照QS排名名次估计,一流大学的收入效应为31.0%;按照THE排名名次估计,一流大学的收入效应为28.9%;按照USNews排名名次估计,一流大学的收入效应为24.4%。以上四组数据结果均为一流大学在收入效应中的负向影响。

从这一组稳健性测试结果看,使用不同的大学排名名次作为毕业院校质量的代理变量后,拥有普通大学学位和拥有一流大学学位的高管样本分组发生变化,导致受教育年限和毕业院校质量在企业高管收入中的作用大小相应改变。但由于受教育年限和毕业院校质量对企业高管收入的作用方向并未发生改变,数据结果并不影响之前得到的实证结论。

在第二组稳健性测试中,研究考察了毕业院校质量与最高学位为博士的企业高管收入之间的关系。在最高学位为博士的企业高管中,无论使用何种大学排名名次,一流大学博士学位对企业高管收入的影响均不显著;无论使用何种大学排名名次,一流大学博士学位对拥有普通大学学士和硕士学位的企业高管的影响均不显著;无论使用何种大学排名名次,一流大学博士学位对拥有一流大学学士或硕士学位的企业高管的影响均不显著。这一结果同样印证了之前得到的结论。

综合来看,一流大学博士学位并不能促进企业高管收入的增加。

三、收入效应分析

在其他条件既定时,一流大学的博士学位对企业高管收入的影响并不显著。同时,在全部高管样本中,相比于参照群体,一流大学博士学位对收入具有负向影响。难道学位层次越高收入越低? 这一结果看似反常,其实则不然。可以从以下从几个方面展开解读:

首先,企业高管是处于"高端"劳动力市场中的特殊群体,学位层次对其收入的影响不适用于一般劳动力市场,因此不能简单判断学位与收入之间的关系。

其次,拥有博士学位的企业高管一般比没有博士学位的企业高管受教育年限更长,而工作年限更短。工作经验是企业高管人力资本的重要组成要素,甚至有时在影响个人收入方面起到更大的作用。[①] 就管理同一企业而言,代表工作经验的工作年限更能反映管理者的个体人力资本特征,而这种个体人力资本特

---

① MURPHY K J, ZÁBOJNÍK J. CEO Pay and Appointments: A Market-based Explanation for Recent Trends[J]. The American Economic Review, 2004, 94(2): 192-196.

征是企业持续给予劳动者高薪的动力源泉。因此,有理由相信,工作年限较短的"博士高管"在薪酬收入上可能并不具有竞争优势。

再次,通过对担任企业正职和副职的样本数据进行统计,本研究发现,在全部高管样本中,共有1 322人担任正职,约占3.4%;而在最高学位为博士的高管样本中,仅有164人担任正职,约占2.7%,低于平均水平。

最后,博士研究生教育侧重于培养学术型、专业型和研究型人才,这种人才培养目标决定了博士毕业生理应更加适应学术市场的人才需求。企业高管相关职位具有较强的"商业属性",与博士的"学术属性"关联度较低。

本研究认为,拥有博士学位的企业高管虽然在一定程度上具有认知优势,但这种优势并非总是与其职位属性相互匹配。已有研究证实,硕士的教育收益有时会高于博士的教育收益。[①] 从人力资本的适用范畴看,以往研究指出,人力资本可被分成专用性人力资本和通用性人力资本两种类型。[②] 专用性人力资本是通过企业内部培训和因长期就职同一企业而获得的经验和技能,强调人力资本在特定组织中的环境适用性,具有一定的市场边界。与之相对,通用性人力资本则是一般意义上讨论的人力资本,并不存在市场边界。专用性人力资本与个体职业属性密切相关,对进入劳动力市场的毕业生而言,学位和专业专用性人力资本的存在造成就业领域和就业岗位的现实差异。[③] 作为一种专用性人力资本,博士学位的市场边界圈定在学术领域而非商业领域,获得博士学位的教育投资过程也具有相对较高的时间成本。倘若置于"高管劳动力市场",与博士学位配套的知识和能力等可能会超出市场边界,俨然不具有"企业专用性"。因此,在一定范畴内讨论,一流大学博士教育收益偏低这一现象也就不足为奇了。

第六节　学位层次收入效应的结果应用

一、最佳排名效应

前文基于ARWU、QS、THE和USNews四个全球大学排名对一流大学收

① DOLTON P J, MAKEPEACE G H. Graduate Earnings after Six Years: Who Are the Winners? [J]. Studies in Higher Education, 1990, 15(1): 31-55.
② 赖德胜,孟大虎.专用性人力资本、劳动力转移与区域经济发展[J].中国人口科学,2006,(1): 60-68.
③ 孟大虎.大学生就业行为探究:专用性人力资本的视角[J].教育发展研究,2005,(15): 68-71.

入效应的实证结果展开稳健性测试。本节主要就最佳排名效应和最高学位效应进行学位层次收入效应的结果应用。最佳排名院校对企业高管具有特别意义。作为母校中最杰出的一所，最佳排名院校曾在企业高管多个阶段的学习中产生重要影响。最佳排名院校在企业高管的教育收益中诠释出一流大学中的"一流"效应。根据模型(4.1)，可利用企业高管毕业院校中最佳排名院校的排名名次对一流大学收入影响进行分析。

由模型(4.1)测量，全部高管样本的回归结果显示，模型在1％水平显著，R^2为11.1％，膨胀系数(VIF)为5.92。与四个大学排名的不同测试结果相比，最佳排名院校的检验结果具有更好的效度。在受教育年限、工作年限、组织绩效、行业等条件既定时，毕业院校质量对企业高管收入具有显著的正向影响，回归系数为0.267，转换为一流大学的收入效应为30.6％。比较之前得到的结果，在考虑受教育年限这一因素时，毕业院校质量在学士层次、硕士层次以及不划分学位层次的测量中均具有显著正向影响。

二、最高学位效应

最高学位是企业高管进入劳动力市场前获得的最后一个文凭，最高学位的收入效应能够用于观测一流大学与个人收益间的直接关联。根据模型(4.2)，可利用最高学位中毕业院校的最佳排名名次对一流大学收入影响进行分析。

在不考虑受教育年限这一因素时，最高学位中的毕业院校质量对企业高管收入具有显著的正向影响。回归结果中，模型在1％水平显著，R^2为10.9％，膨胀系数(VIF)为6.21。毕业院校质量、工作年限对企业高管收入的回归系数分别为0.235和0.038，工作年限的平方项显著为负；这三项均在1％水平显著。与最高学位为普通大学的企业高管相比，最高学位为一流大学的企业高管收入高出26.5％，即一流大学的收入效应。与最高学位为学士、硕士和博士的样本回归结果比较，全样本回归结果中的一流大学效应最大。因此，在最高学位层次，企业高管的毕业院校对其收入具有比较大的影响。与最后毕业于普通大学的企业高管相比，最后毕业于一流大学的企业高管收入要高出26.5％。这一结果意味着最高学位的毕业院校或最后一个毕业院校对企业高管的收入影响十分明显(见表4-13)。

表 4－13　企业高管在各个学位层次中的一流大学收入效应

学位层次	当前学位	前置学位	某一学位中毕业院校的影响	最高学位中毕业院校的影响
学士层次	一流大学学士	不限	33.5%/15.1%	6.6%
硕士层次	一流大学硕士	不限	14.1%	18.6%
	一流大学硕士	普通大学学士		23.1%
	一流大学硕士	一流大学学士		不显著
博士层次	一流大学博士	不限	−34.8%	不显著
	一流大学博士	普通大学硕士和学士		
	一流大学博士	一流大学硕士或学士		
多个学位层次（最佳排名院校）			30.6%	——
不划分学位层次			——	26.5%

第七节　学位层次收入效应的结果讨论

在受教育年限、工作年限、组织绩效、行业等条件既定时，一流大学的学士学位能够显著促进企业高管收入的增加。同时，一流大学学士学位在受教育年限对企业高管收入影响中具有一定的稀释作用。从最高学位为学士的高管样本看，拥有一流大学学位可以为企业高管带来更多收入。在其他条件既定时，一流大学学位对最高学位为学士的企业高管收入增加具有显著的促进作用。作为高等教育的"第一学位"，学士学位常常成为毕业生进入知名企业的必要条件，也是杰出人才从校门迈向更高岗位的能力凭证。多年以后，当那些企业中的佼佼者站在最高管理层时，我们不禁发现，学士学位及其毕业院校依然在他们的薪酬收入中产生着一定作用。不过，不可否认的是，企业高管的先天资质和后天教育在其成才过程中可能各自扮演了十分重要的角色。正如瓦伊（Wai）所言，"精英与生俱来，但随后通过教育却变得更加优秀。"[①]根据类似观点，个人禀赋和智力优势可以通过正规的大学教育转化为实际的能力认可。如此看来，学士学位不仅

---

① WAI J. Experts Are Born, Then Made: Combining Prospective and Retrospective Longitudinal Data Shows that Cognitive Ability Matters[J]. Intelligence, 2014, 45(1): 74－80.

起到了能力筛选的作用,而且能够增加企业高管的人力资本收益。

　　企业高管的硕士毕业院校质量也能对收入效应做出解释。与拥有普通大学硕士学位和没有硕士学位的企业高管相比,拥有一流大学硕士学位的企业高管收入更高。与本科毕业院校质量相比,硕士毕业院校质量在更大程度上稀释了受教育年限对企业高管收入的影响。与此同时,最高学位为硕士的企业高管平均年收入最高。而且,在其他条件既定的前提下,一流大学硕士学位同样可以促进企业高管收入的增加。不过,一流大学硕士学位对拥有普通大学学士学位和拥有一流大学学士学位的企业高管作用并不相同。如果企业高管拥有普通大学的学士学位,并且拥有一流大学的硕士学位,那么一流大学硕士学位对企业高管收入增加具有显著的促进作用。倘若企业高管已经拥有一流大学的学士学位,那么一流大学硕士学位对企业高管收入的影响则并不显著。可见,一流大学学士学位与一流大学硕士学位存在一定程度上的互补关系。另外,对于工商管理硕士学位而言,一流大学的工商管理硕士学位大幅度提升了拥有普通大学学士学位企业高管的正向收入效应。可以预测,对于有志于进入全球企业甚至成为高管的人才而言,在大学教育阶段,提升学位层次的同时还需提升毕业院校质量,只有这样,一流大学的硕士学位才会带来更高的个人收益。

　　从实证结果看,与最高学位为学士和硕士的企业高管相比,最高学位为博士的企业高管获得了最低的平均年收入。与学士学位和硕士学位不同的是,一流大学博士学位并不能促进企业高管收入的增加,主要源于博士教育在人力资本积累中的特殊作用。对企业高管这一群体而言,劳动力市场适用性、工作经验、职位属性与结构、博士培养目标等因素都可能导致一流大学博士教育收益偏低。

　　由于教育程度(学位层次)和工作时间共同促进了企业高管收入的增加,因而从明瑟收入方程看,企业高管的人力资本主要由知识型人力资本和经验型人力资本两部分构成。[①] 从人力资本的获取方式上看,企业高管的知识型人力资本通过学校教育、在职培训、业余学习等摄取知识的方式而形成,而经验型人力资本主要通过完成具体工作、参与实际商业活动而获取。通常而言,在知识型人力资本中,受教育年限对个体收入的促进反映了教育的生产性功能。在考虑到毕业院校质量后,受教育年限对企业高管收入的影响出现了"弱化",其中的一部

---

① 刘胜军,田志文.上市高新技术企业高管团队人力资本结构与财务绩效研究[J].商业研究,2015,(12):84-88.

分影响由毕业院校质量所"稀释"。也就是说，对企业高管而言，知识型人力资本中的数量和质量要素共同完成了高等教育的生产性功能，两种要素能够实现相互补充。仅从经典明瑟收入方程的测量方法看，人力资本收益的测量遵循的是数量逻辑，其中的知识型人力资本强调受教育年限的作用（这里是由学位层次进行替代），关注的是教育数量对企业高管收入的影响。尽管教育数量作用于个人收入的估计原理便于理解，估计方法较为直接、易于操作，却隐含着"学校教育同质"的前提假设。对普通人群而言，这种方法较为有效，因为教育数量上的差异已然鲜明，教育质量上的差异随之弱化。然而，企业高管是处于"高端"劳动力市场中的特殊群体，其高收入和高学位层次的"双高"特征决定了教育质量需要被特别考虑。尤其值得关注的是，这种教育质量差异在企业高管进入劳动力市场前就已经存在。在进入劳动力市场前的准备阶段，大学教育无疑在企业高管的人力资本积累中扮演着重要角色。而且，比起教育数量差异，教育质量差异似乎更能反映出企业高管的能力异质性。事实上，不同的大学教育可以带来完全不同的个人收益，而一流大学更是为企业高管带来了额外的收入效应。基于"大学教育非同质"的研究前提，实证结果发现，一流大学学位具有较高的经济价值。具体而言，一流大学的本科生教育和硕士生教育能够提高个体认知能力，改善资源配置能力，从而使毕业于一流大学的企业高管获得了比毕业于普通大学的企业高管更高的薪酬收入。由此看来，高等教育质量理应成为企业高管知识型人力资本中的关键要素。在人力资本积累过程中，"知识存量"与"知识质量"需要并重考虑，以此更好地促进教育经济价值的实现。

　　不过，知识型人力资本并非总能酣畅淋漓地发挥功效，一流大学的生产性功能在"博士"高管群体中失效。同时，对于已经拥有一流大学学士学位的企业高管而言，一流大学硕士学位的作用不再生效，两种一流大学学位呈现一种特别的互补关系。综合来看，"一流大学效应"在研究生教育阶段显现"拐点"。此时，知识型人力资本已然不再拥有强大的解释效力。其实，除知识型人力资本外，经验型人力资本同样对企业高管的个人收益影响深远。从全部样本看，受教育年限和工作年限对企业高管收入均具有显著的正向影响，其中工作年限的影响更大。换而言之，虽然接受更高层次的大学教育能够促进个人收入的增加，但是与提高学位层次相比，增加工作经验对企业高管收入增加的作用更为明显。在薪酬收入方面，经验型人力资本有时甚至可以带来高于知识型人力资本的收益。这从工作年限对企业高管收入的估计结果便可知晓。就总体而言,最高学位为学士和硕士的企业高管在经验型人力资本积累方面更具比较优势。与之对应,最高学位为博士的企业高管则拥有相对匮乏的经验型人力资本。正如罗伯斯特(Robst)所言,"受教育时间和工作时间总是面临权衡取舍……如果个体劳动者受到正规教育的时间不足,那么人力资本匮乏将导致其收入偏低;相反,如果个体劳动者在学校待的时间过久,却没有学到足够多的用于工作的技能,人力资本同样得不到充分利用。"[①]对高收入和高能力的高管群体而言,过晚步入劳动力市场将面临极高的机会成本,从而对未来收益产生消极影响。因此,企业高管的学位层次收入效应呈"倒 U 型"趋势发展,并且受到人力资本类型和结构的影响。

本章小结

学位层次能够反映企业高管的教育程度。基于已有样本,研究发现,拥有一流大学学位的企业高管在全部企业高管中具有人数上的较高比例。在学士层次,拥有一流大学学位的企业高管人数占本层次企业高管总人数的比例为34.8%;在硕士层次,拥有一流大学学位的企业高管人数占本层次企业高管人数的比例为53.3%;在博士层次,拥有一流大学学位的企业高管人数占本层次企业高管人数的比例为50.8%。由此判断,一流大学的研究生教育在企业高管人才培养过程中发挥了重要作用。

相关性结果显示,企业高管毕业生排名名次与全球大学排名名次具有较强的相关性。排名越是接近"世界一流"的大学,其培养的企业高管毕业生也相应越多;在一流大学中,排名越是靠前的大学,其培养的企业高管毕业生也相应越多。

通过明瑟收入方程,本章建立了测量企业高管学位层次收入效应的计量模型,以此关注受教育年限、工作年限、毕业院校质量等对企业高管个人收入的影响。利用毕业院校质量代替受教育年限,模型重点关注某一学位层次中的一流大学收入效应。

实证研究表明,在学士层次,一流大学学位对企业高管收入存在显著的正向

---

① ROBST J. Education and Job Match: The Relatedness of College Major and Work[J]. Economics of Education Review, 2007, 26(4): 397 - 407.

影响。一流大学学位也对最高学位为学士的企业高管收入增加具有促进作用。在硕士层次,一流大学学位对企业高管收入存在显著的正向影响,但在拥有不同学士学位的群体中存在差异。对于最高学位为硕士的企业高管,如果已经拥有一流大学的学士学位,那么一流大学硕士学位对企业高管收入的影响并不显著;如果只是拥有普通大学的学士学位,那么一流大学硕士学位对企业高管收入增加具有促进作用。由此可见,一流大学学位在硕士层次和学士层次存在一定程度的互补关系。与其他群体相比,拥有一流大学博士学位的企业高管收入偏低,一流大学博士学位的教育收益为负。在最高学位为博士的企业高管中,一流大学学位对企业高管收入的影响并不显著。

此外,工商管理硕士学位对企业高管收入具有显著正向影响,且大大提升了拥有普通大学学士学位的企业高管收入。不过,与一流大学其他类型的硕士学位相比,一流大学工商管理硕士学位并非能带给企业高管更高的个人收益。

稳健性测试显示,使用不同大学排名作为毕业院校质量的测量工具后,一流大学学位对企业高管收入影响的实证结论并未发生变化,但一流大学的收入效应大小会有所不同。USNews 排名估计的收入效应往往高于其他全球大学排名的估计值,而 THE 排名估计的收入效应与实证结果最为接近。一流大学效应可应用于最佳排名效应和最高学位效应。

从人力资本的适用范畴看,博士学位不具有"企业专用性"。与此同时,不同类型的人力资本在企业高管薪酬收益中的作用并不相同。知识型人力资本强调学位层次对个人收入的作用,但对企业高管而言,经验型人力资本的作用有时更为重要。人才供给与市场环境只有相互匹配才能产生丰厚收益。因此,实践中需要重视人力资本的适用范畴,更好地实现企业高管的个人价值,从而最大限度地发挥其才能和优势。

附录 4-1　企业高管的本科毕业院校分布(前 50 位)

人数排名	大 学 校 名	国家(地区)	高管毕业生人数
1	哈佛大学	美　国	712
2	宾夕法尼亚大学	美　国	440
3	斯坦福大学	美　国	386
4	普林斯顿大学	美　国	356

人数排名	大 学 校 名	国家（地区）	高管毕业生人数
5	康奈尔大学	美 国	306
6	耶鲁大学	美 国	265
7	伊利诺伊大学厄巴纳-香槟	美 国	262
8	密歇根大学-安娜堡	美 国	256
9	圣母玛利亚大学	美 国	232
10	剑桥大学	英 国	214
11	达特茅斯学院	美 国	212
12	香港大学	中国香港	211
13	多伦多大学	加拿大	205
14	普渡大学-西拉法叶	美 国	197
15	杜克大学	美 国	191
16	宾夕法尼亚州立大学	美 国	188
17	乔治城大学	美 国	179
18	弗吉尼亚大学	美 国	177
19	加州大学-伯克利	美 国	170
20	迈阿密大学	美 国	166
20	牛津大学	英 国	166
22	德州农工大学	美 国	164
23	皇后大学	加拿大	163
24	西安大略大学	加拿大	162
25	朱拉隆功大学	泰 国	159
26	麦吉尔大学	加拿大	158
27	巴黎政治大学	法 国	157
27	威斯康星大学-麦迪逊	美 国	157
29	麻省理工学院	美 国	156
29	西北大学	美 国	156
31	布朗大学	美 国	154

人数排名	大 学 校 名	国家(地区)	高管毕业生人数
32	密歇根州立大学	美 国	152
33	加州大学-洛杉矶	美 国	149
34	博科尼大学	意大利	148
35	得克萨斯州大学-奥斯汀	美 国	143
36	哥伦比亚大学	美 国	141
37	波士顿学院	美 国	138
38	新加坡国立大学	新加坡	133
38	印第安纳大学-布鲁明顿	美 国	133
40	金山大学	南 非	132
41	俄亥俄州立大学-哥伦布	美 国	128
41	南加州大学	美 国	128
43	新南威尔士大学	澳大利亚	127
44	美国西点军校	美 国	124
45	罗格斯大学-新布朗斯维克	美 国	122
45	纽约州立大学-布法罗	美 国	122
47	美国海军学院	美 国	110
48	纽约大学	美 国	109
49	加州大学-圣地亚哥	美 国	104
50	利哈伊大学	美 国	103

附录 4-2　企业高管的硕士毕业院校分布(前 50 位)

人数排名	大 学 校 名	国家(地区)	高管毕业生人数
1	哈佛大学	美 国	1 549
2	宾夕法尼亚大学	美 国	589
3	斯坦福大学	美 国	518
4	芝加哥大学	美 国	516
5	哥伦比亚大学	美 国	447

（续表）

人数排名	大 学 校 名	国家（地区）	高管毕业生人数
6	西北大学	美 国	437
7	纽约大学	美 国	284
8	麻省理工学院	美 国	252
9	欧洲工商管理学院	法 国	239
10	剑桥大学	英 国	217
11	密歇根大学-安娜堡	美 国	205
12	牛津大学	英 国	188
13	加州大学-洛杉矶	美 国	117
13	西安大略大学	加拿大	117
15	南加州大学	美 国	114
16	康奈尔大学	美 国	104
16	斯德哥尔摩经济学院	瑞 典	104
18	杜克大学	美 国	91
19	加州大学-伯克利	美 国	84
20	印第安纳大学-布鲁明顿	美 国	79
21	乔治华盛顿大学	美 国	77
22	北京大学	中 国	74
23	挪威经济学院	挪 威	73
24	伦敦政治经济学院	英 国	72
25	威斯康星大学-麦迪逊	美 国	71
26	南卫理公会大学	美 国	70
27	波士顿大学	美 国	69
28	匹兹堡大学	美 国	67
29	密歇根州立大学	美 国	66
29	普渡大学-西拉法叶	美 国	66
31	弗吉尼亚大学	美 国	63
32	得克萨斯州大学-奥斯汀	美 国	60

（续表）

人数排名	大 学 校 名	国家（地区）	高管毕业生人数
32	华盛顿大学-圣路易斯	美　国	60
32	科尔盖特大学	美　国	60
32	休斯敦大学	美　国	60
36	多伦多大学	加拿大	58
36	卡内基梅隆大学	美　国	58
36	耶鲁大学	美　国	58
39	伦敦商学院	英　国	57
40	俄亥俄州立大学-哥伦布	美　国	56
41	明尼苏达大学-双城	美　国	55
42	哥本哈根商学院	丹　麦	54
42	麦吉尔大学	加拿大	54
42	亚利桑那州立大学	美　国	54
45	曼彻斯特大学	英　国	53
45	佩珀代因大学	美　国	53
47	圣塔克拉拉大学	美　国	52
48	伊利诺伊大学厄巴纳-香槟	美　国	51
49	东北大学	美　国	50
49	清华大学	中　国	50

附录 4-3　企业高管的博士毕业院校分布（前 30 位）

人数排名	大 学 校 名	国家（地区）	高管毕业生人数
1	哈佛大学	美　国	384
2	斯坦福大学	美　国	153
3	芝加哥大学	美　国	103
4	宾夕法尼亚大学	美　国	102
5	麻省理工学院	美　国	93
6	密歇根大学-安娜堡	美　国	88

（续表）

人数排名	大 学 校 名	国家（地区）	高管毕业生人数
7	弗吉尼亚大学	美 国	75
8	纽约大学	美 国	72
9	乔治城大学	美 国	68
9	西北大学	美 国	68
11	乔治华盛顿大学	美 国	66
12	加州大学-洛杉矶	美 国	62
12	康奈尔大学	美 国	62
14	波士顿大学	美 国	51
15	哥伦比亚大学	美 国	47
16	加州大学-伯克利	美 国	46
17	苏黎世大学	瑞 士	45
18	圣加仑大学	瑞 士	42
19	剑桥大学	英 国	38
20	苏黎世联邦理工学院	瑞 士	36
20	耶鲁大学	美 国	36
22	杜克大学	美 国	35
23	加州大学-圣地亚哥	美 国	33
23	南卫理公会大学	美 国	33
25	牛津大学	英 国	31
25	威斯康星大学-麦迪逊	美 国	31
27	南加州大学	美 国	30
27	普林斯顿大学	美 国	30
27	香港理工大学	中国香港	30
27	休斯敦大学	美 国	30
27	伊利诺伊大学厄巴纳-香槟	美 国	30
27	中国人民大学	中 国	30

第五章
学科背景中的一流大学效应

第一节　企业高管的学科背景分布特征

一、样本总体分布

在本研究样本中,共有 26 180 名企业高管具有学科背景信息。根据不同学位显示的学科属性和专业特征,研究样本被分入七个学科组,分别是文科(不含商科和法学的其他人文和社会科学专业)、商科、法学、理学、工学、农学和医学(详见表 5 - 1)。其中对于文科和商科的划分按照领域邻近原则:文科主要包含哲学、政治学、社会学、教育学、文学、语言学、新闻传播学、历史学、艺术学以及管理学中的非商科专业等;商科主要包含经济学、管理学中的管理科学类、工商管理类相关专业等;对于农学背景主要针对企业高管所学的农业相关专业进行确

表 5 - 1　具有不同学科背景的企业高管人数分布

学科组	普通大学人数	一流大学人数	人数合计	拥有一流大学学位人数占本学科组总人数的比例
文科	3 225	5 097	8 322	61.2%
商科	5 955	7 160	13 115	54.6%
法学	1 782	2 076	3 858	53.8%
理学	5 170	4 866	10 036	48.5%
工学	549	370	919	40.3%
农学	78	35	113	31.0%
医学	90	162	252	64.3%

定。由于有些企业高管具有多种学科背景,因而存在同一名企业高管隶属几个不同学科组的情况,人数频次总计 36 615。不难看出,在全部七种学科中,商科成为输出企业高管的"第一大户",有 13 115 人之多,理学以 10 036 人排名次席,再次是文科,共有 8 322 名企业高管,法学为 3 858 人,工学为 919 人,而具有医学和农学背景的企业高管人数较少,分别为 252 人和 113 人。图 5-1 为企业高管在各学科背景中的人数频次分布结构。

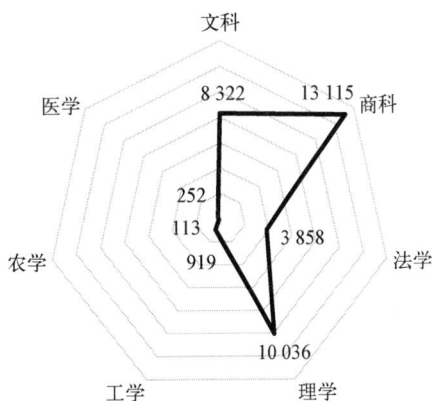

图 5-1 企业高管在各学科背景中的
人数频次分布结构

从一流大学学位的占比情况看,在具有医学背景的企业高管中,拥有一流大学学位的人员比例最高,达到 64.3%;在具有文科背景的企业高管中,拥有一流大学学位的人员比例同样较高,达到 61.2%;在具有商科背景和法学背景的企业高管中,拥有一流大学学位的人员比较接近,分别为 54.6% 和 53.8%;具有理学背景的企业高管中,拥有一流大学学位的人员占比为 48.5%;在具有工学背景的企业高管中,拥有一流大学学位的人员占比较低,为 40.3%;占比最低的要数农学组,拥有一流大学学位的企业高管人员比例仅为 31.0%。从这一结果不难发现,拥有一流大学学位企业高管占比较低的学科专业技术性相对较强。在工学和农学中,学科背景可能对一流大学学位具有一定的"弱化"作用。企业高管在各学科背景中的人数频次分布结构如图 5-1 所示。

二、文科背景高管

在具有文科背景[①]的企业高管中,最高学位为学士的有 2 239 人,最高学位为硕士的有 4 142 人,最高学位为博士的有 1 940 人,其他学位 1 人(学士以下)。从毕业院校分布看,在学士层次,培养文科高管较多的大学有哈佛大学(84 人)、普林斯顿大学(52 人)、西安大略大学(48 人)、宾夕法尼亚大学(32 人)、康奈尔大学(27 人)、多伦多大学(25 人)、布朗大学(24 人)、达特茅斯学院(24 人)、加州

---

① 本书中的"文科背景"指的是除商科和法学以外的人文社会科学专业,详见第三章"研究方法"。

大学-伯克利分校（24 人）、加州大学-洛杉矶分校（24 人）；在硕士层次，培养文科高管较多的大学有斯坦福大学（181 人）、宾夕法尼亚大学（178 人）、剑桥大学（178 人）、芝加哥大学（172 人）、哥伦比亚大学（170 人）、牛津大学（148 人）、西北大学（美国，129 人）、纽约大学（123 人）；在博士层次，培养文科高管较多的大学有哈佛大学（236 人）、斯坦福大学（76 人）、芝加哥大学（59 人）、密歇根大学（45 人）、宾夕法尼亚大学（42 人）、乔治华盛顿大学（40 人）、弗吉尼亚大学（38 人）、乔治城大学（38 人）、纽约大学（38 人）。文科背景涵盖了除商科和法学专业外的大部分人文学科和社会科学专业。从样本分布看，美国一流大学向全球万家企业输送了大量具有文科背景的商业人才。

三、商科背景高管

商科是同企业经营管理最为密切的学科领域。在具有商科背景的企业高管中，最高学位为学士的有 1 093 人，最高学位为硕士的有 10 978 人，最高学位为博士的有 1 044 人。从毕业院校分布看，在学士层次，培养商科高管较多的大学有得克萨斯大学奥斯汀分校（26 人）、圣母玛利亚大学（21 人）、密歇根大学（20 人），其他学校毕业生人数相对较少；在硕士层次，培养商科高管较多的大学有哈佛大学（1 455 人）、宾夕法尼亚大学（537 人）、芝加哥大学（492 人）、哥伦比亚大学（384 人）、斯坦福大学（370 人），我国的北京大学培养了 27 位商科硕士高管，排名位居亚洲高校前列；在博士层次，培养商科高管较多的大学有哈佛大学（89 人）、斯坦福大学（33 人）、芝加哥大学（24 人）、密歇根大学（20 人）、宾夕法尼亚大学（19 人），我国的香港理工大学培养了 18 位商科博士高管，排名位居第六。从具有商科背景的高管分布看，经济学院和商学院规模较大的学校向企业输送的高管毕业生人数也相对较多。

四、法学背景高管

企业经营活动离不开法律规则，具有法学背景的企业高管也是管理团队中的重要成员。在具有法学背景的企业高管中，最高学位为学士的有 1 012 人，最高学位为硕士的有 478 人，最高学位为博士的有 2 368 人。从毕业院校分布看，在学士层次，培养法学高管较多的大学有马德里康普顿斯大学（27 人）、麦吉尔大学（20 人）、多伦多大学（18 人）、新南威尔士大学（17 人）、阿尔伯塔大学

（15 人）、剑桥大学（15 人）、香港大学（15 人）、新加坡国立大学（15 人）、墨尔本大学（15 人）、奥斯陆大学（15 人），这些本科毕业院校均来自美国以外的国家。除香港大学外，我国其他大学培养的法学学士高管均不超过 10 人；在硕士层次，培养法学高管较多的大学有哈佛大学（33 人）、哥伦比亚大学（17 人）、宾夕法尼亚大学（16 人）、剑桥大学（16 人）、欧洲工商管理学院（12 人）；在博士层次，培养法学高管较多的大学有哈佛大学（258 人）、弗吉尼亚大学（65 人）、乔治城大学（65 人）、斯坦福大学（61 人）、密歇根大学（60 人）、芝加哥大学（60 人）、纽约大学（54 人）、宾夕法尼亚大学（50 人）、西北大学（美国，44 人）、乔治华盛顿大学（42 人）。从具有法学背景的高管分布看，美国一流大学在法学研究生教育上具有强劲实力，但其他各国在培养法学本科人才方面的作用不容忽视。

五、理学背景高管

作为人数仅次于商科背景的高管群体，理学背景高管对企业发展的重要性不言而喻。在具有理学背景的企业高管中，最高学位为学士的有 3 183 人，最高学位为硕士的有 5 411 人，最高学位为博士的有 1 441 人，其他学位 1 人（学士以下）。从毕业院校分布看，在学士层次，培养理学高管较多的大学有宾夕法尼亚大学（111 人）、康奈尔大学（45 人）、宾夕法尼亚州立大学（39 人）、普渡大学（39 人）、伊利诺伊大学厄巴纳-香槟分校（38 人）、德州农工大学（37 人）、路易斯安娜州立大学（30 人）、伦敦政治经济学院（30 人）、印第安纳大学-布鲁明顿分校（30 人）、弗吉尼亚理工学院（27 人）。可以看到，虽然在毕业生人数较多的十所高校中，有九所大学都来自美国，但与之前几种学科背景中的院校分布又有所出入；在硕士层次，培养理学高管较多的大学有哈佛大学（456 人）、斯坦福大学（228 人）、宾夕法尼亚大学（207 人）、麻省理工学院（184 人）、芝加哥大学（172 人）、西北大学（美国，143 人）、哥伦比亚大学（127 人）、纽约大学（91 人）、斯德哥尔摩经济学院（86 人）、密歇根大学（76 人）；在博士层次，培养理学高管较多的大学有哈佛大学（67 人）、斯坦福大学（48 人）、麻省理工学院（47 人）、宾夕法尼亚大学（26 人）、加州大学-伯克利分校（24 人）、康奈尔大学（22 人）、加州大学-洛杉矶分校（20 人）、纽约大学（20 人）、西北大学（美国，20 人）、密歇根大学（18 人）。

六、工学背景高管

工学背景体现了企业高管的技术优势与实践才能。在具有工学背景的企业高管中,最高学位为学士的有 222 人,最高学位为硕士的有 555 人,最高学位为博士的有 142 人。从毕业院校分布看,在学士层次,研究样本中工学毕业生最多的大学是朱拉隆功大学(11 人);在硕士层次,培养工学高管较多的大学有哈佛大学(37 人)、麻省理工学院(18 人)、宾夕法尼亚大学(16 人)、印度管理学院-艾哈迈德巴德分校(12 人)、哥伦比亚大学(11 人);在博士层次,工学高管的毕业院校较为分散,主要有卡内基梅隆大学、奥克兰大学、滑铁卢大学、东京工业大学、清华大学等。

七、农学背景高管

具有农学背景的企业高管相对较少,其中最高学位为学士的有 39 人,最高学位为硕士的有 37 人,最高学位为博士的有 37 人。从毕业院校分布看,农学高管主要来自都柏林大学学院、昆士兰大学、米兰大学、英属哥伦比亚大学、德州农工大学、西北大学(美国)、印第安纳大学-布鲁明顿分校、卡米亚斯大主教大学、爱荷华州立大学、波恩大学、哥本哈根大学等。

八、医学背景高管

在企业高管拥有的全部学科背景中,医学背景较为特殊。在具有医学背景的企业高管中,最高学位为硕士的有 15 人,最高学位为博士的有 237 人。从毕业院校分布看,医学高管主要来自威斯康星医学院、哥伦比亚大学、密歇根大学、耶鲁大学、牛津大学、哈佛大学、宾夕法尼亚大学、杜克大学、康奈尔大学、玛希隆大学等。

第二节   学科背景收入效应的模型建构

一、相关模型设计

本章主要就学科背景对企业高管收入的影响进行测量。学科背景收入效应模型旨在估计不同学科背景下，企业高管的收入效应差异。在明瑟收入方程的扩展形式上，本研究加入企业高管的学科背景变量，建立新方程：

$$\ln W = \alpha + \beta_1 \times S + \beta_2 \times E + \beta_3 \times E^2 + \varphi \times R + \delta D + \Sigma \eta_i \times X_i + \varepsilon \qquad (5.1)$$

与之前构建的模型相似，在方程（5.1）中，$\ln W$ 依旧代表企业高管年收入的自然对数；S、E 和 R 分别代表企业高管的受教育年限、工作年限和毕业院校质量，回归系数分别为 β_1、β_2 和 φ。D 表示企业高管的学科背景（discipline），δ 是其回归系数。在测量学科背景与企业高管收入的关系时，模型将企业高管的受教育年限视作控制变量，不再单独考虑学位层次对企业高管收入的影响。其他控制变量还包括企业年收入、净利润、总资产以及行业类别。

有些企业高管具有单一学科背景，如从学士阶段到博士阶段均就读理学相关专业；有些企业高管则具有多个不同的学科背景，即复合学科背景，如学士阶段就读工学相关专业，到硕士阶段改换为商科相关专业。为比较单一学科背景和复合学科背景对企业高管收入的影响差异，本研究在扩展方程中加入"学科数量"这一变量，形成如下方程：

$$\ln W = \alpha + \beta_1 \times S + \beta_2 \times E + \beta_3 \times E^2 + \varphi \times R + \tau N + \Sigma \eta_i \times X_i + \varepsilon \qquad (5.2)$$

在方程（5.2）中，N 代表企业高管具有的学科背景"数量"（number），τ 是其回归系数。如果 τ 显著，则说明学科数量对企业高管收入存在影响，τ 数值越大，说明学科数量与个人收入之间的关系强度越大。值得一提的是，针对毕业院校质量对企业高管收入的影响，此时的一流大学收入效应是在控制了学科数量情况下的估计结果。

选择不同的学科即选择了不同的教育投资方式（portfolio）。除学科数量外，不同的学科背景组合也会对企业高管收入产生影响。本研究还在扩展方程中加入学科背景组合变量（P），尝试对企业高管收入效应进行测量：

$$\ln W = \alpha + \beta_1 \times S + \beta_2 \times E + \beta_3 \times E^2 + \varphi_i \times R_i + \pi P + \Sigma \eta_i \times X_i + \varepsilon \qquad (5.3)$$

需要指出的是，这里的 R_i 表示不同的毕业院校质量。因为不同的学科背景组合对应的是企业高管的不同毕业院校。

二、主要变量说明

学科背景（D）变量的含义。学科背景指的是企业高管拥有学位中的学科信息。按本研究选取"文科""商科""法学""理学""工学""农学"和"医学"七个学科,对企业高管的教育收益进行分析。学科背景取"0"表示企业高管不具有这一学科的教育背景,取"1"表示企业高管具有这一学科的教育背景。

学科数量(N)变量的含义。学科数量指的是企业高管在不同学科背景组的取值之和,其中理论上和最小为1,理论上和最大为7。本研究对学科数量这一变量设置三种取值:取"1"表示企业高管只具有单一的学科背景;取"2"表示企业高管具有两种不同的学科背景;取"3"表示企业高管具有三种或三种以上不同的学科背景。

学科背景组合(P)变量的含义。学科背景组合针对具有复合学科背景的企业高管,对不同学科背景组合来设置样本组别。共有9753位企业高管具有复合学科背景,其中具有两种学科背景的企业高管为9082人,占93.1%。三种或三种以上学科背景的情况比较复杂,且企业高管样本量较少,故本研究仅对具有两种学科背景的高管样本进行学科背景组合分析,合计20种情况(详见表5-2)。可以看到,人数最多的组合是"理学+商科";"商科+文科"和"法学+文科"的学科背景组合同样超过千人。从企业高管的学科背景看,商科、文科与其他学科背景的组合模式备受青睐。

表 5-2 具有两种学科背景的企业高管人数分布

编　号	学　士	硕士/博士	企业高管人数
1	理学	商科	3 233
2	商科	文科	2 755
3	法学	文科	1 323
4	理学	文科	494
5	理学	法学	375
6	商科	法学	348
7	工学	商科	269
8	理学	工学	117
9	医学	文科	55
10	理学	医学	44
11	理学	农学	22

（续表）

编　号	学　士	硕士/博士	企业高管人数
12	医学	商科	17
13	工学	文科	8
14	农学	商科	6
15	农学	文科	6
16	工学	法学	5
17	工学	医学	2
18	农学	法学	1
19	农学	医学	1
20	工学	农学	1

三、样本描述统计

　　基于学科背景分组后的企业高管人员,在回归分析前,研究对主要变量的样本均值进行描述性统计(详见表5-3)。从薪酬收入上看,对于具有学科背景的全部企业高管而言,具有理学背景的企业高管平均年收入最高,具有工学背景的企业高管平均年收入最低;对于只有单一学科背景的企业高管而言,具有理学背景的企业高管平均年收入最高,具有农学背景的企业高管平均年收入最低。

表5-3　具有单一学科背景企业高管的样本均值统计

样本分组	变量名称	企业高管个人收入	教育程度	工　作　经　验	
	变量符号	lnW	S	E	E²
	变量含义	年收入的自然对数	受教育年限	工作年限	工作年限平方×10⁻²
具有学科背景的全部企业高管(24 353)	文科	12.60	18.41	34.85	12.98
	商科	12.72	18.14	32.95	11.62
	法学	12.64	19.42	33.63	12.21
	理学	12.74	18.12	34.37	12.59
	工学	12.12	18.40	32.31	11.24
	农学	12.27	18.77	33.89	12.13
	医学	12.67	21.76	34.17	12.38

（续表）

样本分组	变量名称	企业高管个人收入	教育程度	工作经验	
	变量符号	lnW	S	E	E²
	变量含义	年收入的自然对数	受教育年限	工作年限	工作年限平方×10⁻²
具有单一学科背景的企业高管（16 427）	文科	12.43	17.58	35.87	13.70
	商科	12.70	17.86	32.31	11.22
	法学	12.29	18.28	34.66	12.90
	理学	12.71	17.67	35.14	13.14
	工学	11.94	18.02	32.79	11.59
	农学	11.93	18.02	34.90	12.90
	医学	12.55	21.90	33.98	12.34

注：（1）企业高管年收入换算前的基本单位为美元；（2）括号内为每组企业高管的样本观测数。

在受教育年限方面，具有医学背景的企业高管的平均受教育年限最长，无论是对于具有学科背景的全部企业高管，还是对于只有医学背景的企业高管而言，他们的平均受教育年限均超过了21年。这反映出医学学制较长的学科特征。与具有其他学科背景的企业高管相比，具有医学背景的企业高管普遍花费了更长的时间接受学校教育。在具有单一学科背景的企业高管中，具有文科背景企业高管的受教育年限最短，平均只有17.58年。

对比"具有学科背景的全部企业高管"和"具有单一学科背景的企业高管"两类样本，不难发现，第一类样本中各学科组企业高管的平均年收入都要高于与之对应的第二类样本中各学科组企业高管的平均年收入。这说明排除了具有复合学科背景的企业高管样本后，具有单一学科背景的企业高管平均年收入有所下降。因此，表5-4对具有复合学科背景的企业高管样本均值进行进一步统计。

在具有两种学科背景的企业高管中，具有法学背景的企业高管平均年收入最高，具有工学背景的企业高管平均年收入最低；在具有三种学科背景的企业高管中，具有法学背景的企业高管平均年收入最高，具有医学背景的企业高管平均年收入最低。

此外，从受教育年限也可以看出，具有单一学科背景的企业高管平均学习时间相对较短，而具有复合学科背景的企业高管平均学习时间相对较长。

表5-4　具有复合学科背景企业高管的样本均值统计

样本分组	变量名称	企业高管个人收入	教育程度	工 作 经 验	
	变量符号	lnW	S	E	E²
	变量含义	年收入的自然对数	受教育年限	工作年限	工作年限平方×10⁻²
具有两种学科背景的企业高管（9 082）	文科	12.72	18.85	34.30	12.59
	商科	12.76	18.26	33.49	11.96
	法学	12.87	20.07	33.21	11.95
	理学	12.81	18.56	33.52	11.98
	工学	12.27	18.79	32.02	11.00
	农学	12.50	19.86	33.78	12.01
	医学	12.84	21.81	34.85	12.79
具有三种或三种以上学科背景的企业高管（671）	文科	12.63	19.51	33.52	11.99
	商科	12.58	19.48	33.19	11.75
	法学	12.77	20.45	31.71	10.74
	理学	12.59	19.24	33.49	11.99
	工学	12.51	18.66	30.94	10.37
	农学	12.65	18.71	31.88	10.66
	医学	12.45	21.18	32.38	11.02

注：（1）企业高管年收入换算前的基本单位为美元；（2）括号内为每组企业高管的样本观测数。

第三节　学科背景对企业高管收入影响

一、基本回归结果

为测量学科背景对企业高管收入的影响，本章在明瑟收入方程的扩展形式基础上加入了学科背景变量。检验结果显示，加入学科背景后，模型依旧在1％水平显著，且不存在多重共线性问题。表5-5显示，在企业高管的受教育年限、工作年限、组织绩效、行业等既定的条件下，文科、商科、法学、理学和工学的学科背景对企业高管收入影响显著。控制企业高管最高学位的毕业院校质量时，以上

表 5-5 学科背景对企业高管收入影响的最小二乘回归结果

模 型 分 类	未控制毕业院校质量	控制毕业院校质量
文科背景	0.291*** (0.019)	0.265*** (0.019)
商科背景	0.391*** (0.017)	0.371*** (0.017)
法学背景	0.359*** (0.027)	0.354*** (0.027)
理学背景	0.494*** (0.019)	0.481*** (0.019)
工学背景	—0.167*** (0.056)	—0.167*** (0.056)
农学背景	—0.127 (0.141)	—0.110 (0.141)
医学背景	0.022 (0.098)	0.014 (0.098)
截距项	11.19*** (0.131)	11.26*** (0.131)
观测数	38 670	38 670
R^2	0.135	0.136

注：(1) 模型 F 值在 1％水平显著；(2) ***、**、*分别表示 1％、5％、10％的显著性水平；(3) 括号内为异方差稳健标准误；(4) 因学科较多，本表篇幅过长，故未列入其他控制变量的回归结果。

学科背景对收入的影响没有发生太大变化。具体来看，与没有文科背景的企业高管相比，具有文科背景的企业高管收入高 33.8％；与没有商科背景的企业高管相比，具有商科背景的企业高管收入高 47.8％；与没有法学背景的企业高管相比，具有法学背景的企业高管收入高 43.2％；与没有理学背景的企业高管相比，具有理学背景的企业高管收入高 63.9％；农学背景和医学背景对企业高管收入的影响并不显著。令人意外的是，具有工学背景的企业高管比没有工学背景的企业高管收入低 15.4％。在表第三列，当控制企业高管最高学位的毕业院校质量时，以上学科背景对收入的影响没有发生太大变化：与没有各自学科背景的企业高管相比，具有文科背景的企业高管收入高 30.3％；具有商科背景的企业高管收入高 44.9％；具有法学背景的企业高管收入高 42.5％；具有理学背景的企业高管收入高 61.8％；具有工学背景的企业高管收入低 15.4％。由此可见，在其他条件既定时,除工学背景外,文科背景、商科背景、法学背景和理学背景对企业高管收入均具有显著的正向影响,其中具有理学背景的企业高管获得了最高的收入。此时,回归模型中的毕业院校质量变量不显著。

不过,全样本回归并未排除复合学科背景对企业高管收入的影响,而仅仅是按照企业高管所属的不同学科,以其参照群体对研究对象进行粗略划分。由于具有农学背景和医学背景的企业高管人数相对较少,回归结果中的这两项并不显著,因而没有得到关于这两种学科与企业高管收入关系的明确答案。通过对企业高管履历进行描述性统计,研究发现,在不控制其他因素时,具有农学背景的企业高管平均年收入比没有农学背景的企业高管平均年收入低 7.2%;具有医学背景的企业高管平均年收入比没有医学背景的企业高管平均年收入高 43.7%。

二、稳健测试分析

上述研究通过最小二乘法分析了学科背景与企业高管收入之间的关系,在一定程度上揭示了不同学科中的收入效应。而分位数回归法则可以观察学科背景对不同收入能力企业高管的影响差异。通过分位数回归法,稳健性测试选取 10%、25%、50%、75%以及 90%六个观测点,针对不同学科背景与企业高管收入分布状况展开进一步讨论。

如前所述,薪酬收入在一定程度上反映了企业高管的个人能力,那么不同的学科背景对分布在不同收入(能力)位置的企业高管也会存有差异。表 5-6 中的回归系数表示具有不同能力的企业高管的学科背景收入效应。比如,当处于 10%分位点时,回归系数刻画的是收入由低到高排序在前 10%的企业高管的收入效应。

表 5-6　未控制毕业院校质量时学科背景对企业
高管收入影响的分位数回归结果

分位点	10%	25%	50%	75%	90%
文科背景	0.587*** (0.027)	0.498*** (0.019)	0.184*** (0.013)	0.057* (0.029)	0.113*** (0.026)
商科背景	0.591*** (0.026)	0.513*** (0.022)	0.252*** (0.015)	0.232*** (0.030)	0.259*** (0.031)

（续表）

分位点	10%	25%	50%	75%	90%
法学背景	0.486***	0.396***	0.268***	0.344***	0.215***
	(0.033)	(0.025)	(0.013)	(0.033)	(0.039)
理学背景	0.585***	0.585***	0.329***	0.376***	0.348***
	(0.033)	(0.025)	(0.020)	(0.027)	(0.028)
工学背景	−0.338***	−0.194**	−0.153**	−0.154*	−0.130
	(0.095)	(0.091)	(0.060)	(0.086)	(0.087)
农学背景	0.133	−0.053	−0.165	−0.301	−0.091
	(0.172)	(0.119)	(0.142)	(0.259)	(0.305)
医学背景	0.238*	−0.019	−0.050	0.050	0.544*
	(0.136)	(0.0875)	(0.0519)	(0.145)	(0.311)
截距项	6.592***	8.320***	12.39***	15.48***	13.47***
	(0.223)	(0.185)	(0.211)	(0.268)	(0.262)
观测数	38 670	38 670	38 670	38 670	38 670

注：(1) 模型 F 值在 1% 水平显著；(2) ***、**、* 分别表示 1%、5%、10% 的显著性水平；(3) 括号内为异方差稳健标准误；(4) 因学科较多，本表篇幅过长，故未列入其他控制变量的回归结果。

　　未控制企业高管的毕业院校质量时，在不同分位点，文科背景、商科背景、法学背景和理学背景对企业高管收入均具有显著的正向影响。工学背景在 10%、25%、50% 和 75% 分位点对企业高管收入具有显著的负向影响，显著性水平分别为 1%、5%、5% 和 10%，在 90% 分位点，工学背景对企业高管收入的影响不显著；医学背景仅在 10% 和 90% 分位点对企业高管收入存在影响，显著性水平为 10%；农学背景在各个分位点对企业高管收入的影响均不显著。

　　从影响大小看，除工学背景的负向影响外，在 10% 分位点，商科背景对企业高管收入的正向影响最大，其次是文科背景，然后是理学背景和法学背景；在 25% 分位点，理学背景对企业高管收入的正向影响最大，其次是商科背景，然后是文科背景和法学背景；在 50% 分位点和 75% 分位点，理学背景对企业高管收入的正向影响最大，其次是法学背景，然后是商科背景和文科背景；在 90% 分位点，理学背景对企业高管收入的正向影响最大，其次是商科背景，然后是法学背景和文科背景。总体而言，理学背景对企业高管收入的正向影响最大，文科背景对企业高管收入的正向影响最小，商科背景和法学背景居中。

从图 5-2 描绘的回归系数变化趋势看,当处于较低的分位点时,学科背景对企业高管收入影响相对较大,当处于较高的分位点时,学科背景对企业高管收入影响相对较小。换而言之,对于收入(能力)位置排序相对较低的企业高管来说,学科背景对促进收入增加作用较大;对于收入(能力)位置排序相对较高的企业高管来说,学科背景也能显著促进收入增加,但作用就不如对排序相对较低者那样突出。

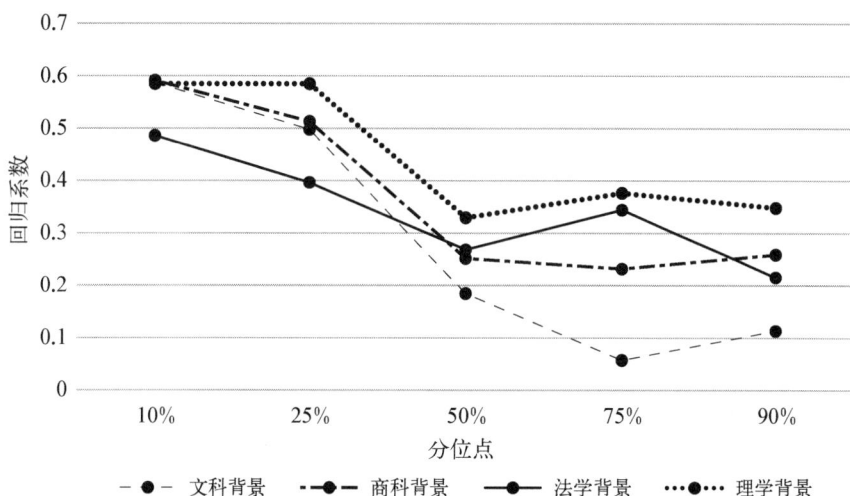

图 5-2　未控制毕业院校质量时不同学科背景对企业高管收入影响的回归系数变化趋势

当控制企业高管的毕业院校质量时,在不同分位点,文科背景、商科背景、法学背景、理学背景和工学背景对企业高管收入影响显著,其中工学背景为负向影响;医学背景在 10% 和 90% 分位点对企业高管收入影响显著,在其他分位点影响不显著;同样,农学背景在各个分位点对企业高管收入的影响均不显著。

从影响大小看,在 10% 和 25% 分位点,理学背景对企业高管收入的正向影响最大,其次是商科背景,然后是文科背景和法学背景;在 50% 和 75% 分位点,理学背景对企业高管收入的正向影响最大,其次是法学背景,然后是商科背景和文科背景;在 90% 分位点,理学背景对企业高管收入的正向影响最大,其次是商科背景,然后是法学背景和文科背景。工学背景在 10% 分位点的负向影响最大。

此外,模型中的毕业院校质量变量均不显著,这与之前采用普通最小二乘回归得到的结果一致。

从图 5-3 描绘的回归系数变化趋势看,当处于较低的分位点时,学科背景对

表 5 - 7   控制毕业院校质量时学科背景对企业
高管收入影响的分位数回归结果

分位点	10%	25%	50%	75%	90%
文科背景	0.520***	0.429***	0.175***	0.051*	0.093***
	(0.034)	(0.026)	(0.019)	(0.031)	(0.033)
商科背景	0.540***	0.477***	0.245***	0.222***	0.257***
	(0.023)	(0.017)	(0.012)	(0.025)	(0.023)
法学背景	0.444***	0.377***	0.269***	0.339***	0.219***
	(0.039)	(0.022)	(0.031)	(0.039)	(0.044)
理学背景	0.546***	0.547***	0.330***	0.370***	0.337***
	(0.024)	(0.022)	(0.018)	(0.027)	(0.028)
工学背景	−0.318***	−0.185**	−0.141***	−0.164*	−0.128*
	(0.104)	(0.087)	(0.051)	(0.094)	(0.071)
农学背景	0.288	−0.017	−0.141	−0.313	−0.084
	(0.296)	(0.152)	(0.158)	(0.253)	(0.327)
医学背景	0.187*	−0.066	−0.063	0.071	0.541*
	(0.103)	(0.105)	(0.079)	(0.250)	(0.329)
截距项	6.859***	8.392***	12.39***	15.52***	13.50***
	(0.129)	(0.130)	(0.192)	(0.213)	(0.180)
观测数	38 670	38 670	38 670	38 670	38 670

注：(1) 模型 F 值在 1% 水平显著；(2) ***、**、*分别表示 1%、5%、10% 的显著性水平；(3) 括号内为异方差稳健标准误；(4) 因学科较多，本表篇幅过长，故未列入其他控制变量的回归结果。

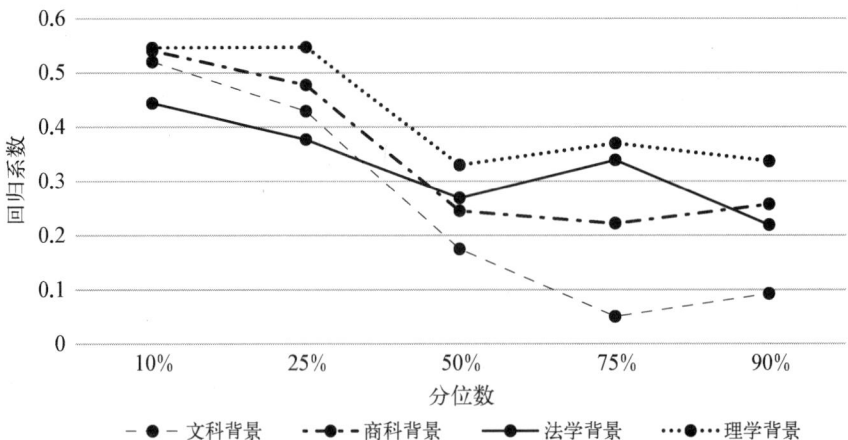

图 5 - 3   控制毕业院校质量时不同学科背景对企业高管收入影响的回归系数变化趋势

企业高管收入影响相对较大,当处于较高的分位点时,学科背景对企业高管收入影响相对较小。在控制了毕业院校质量的情况下,对收入(能力)位置排序相对较低的企业高管而言,学科背景对促进收入增加作用更大。总体来说,收入(能力)位置相对较低的企业高管更容易受到学科背景对其收入的影响。

第四节　单一学科背景对高管收入影响

一、基本回归结果

为尽可能避免多种学科背景对企业高管收入产生的共同影响,本节采用设置虚拟变量和拆分样本两种方式就单一学科对企业高管收入影响进行探讨。虽然虚拟变量参照组学科的选择将影响其他实验组学科回归系数的方向和大小,但是无论怎样选择,学科对收入影响的实证结论不会因此发生改变。[①] 基于此,研究选择文科背景作为参照组,得到表5-8的回归结果。可以看到,是否加入毕业院校质量这一控制变量对于学科背景变量的回归系数影响不大。与具有文科背景的企业高管相比,具有商科背景和理学背景的企业高管收入显然更高:在控制毕业院校质量时,商科背景带来了20.6%的额外收益,理学背景带来了27.5%的额外收益;与具有文科背景的企业高管相比,具有工学背景和农学背景的企业高管收入更低:在控制毕业院校质量时,具有工学背景的企业高管收益低于具有文科背景企业高管收益的35.1%,具有农学背景的企业高管收益低于具有文科背景企业高管收益的38.7%。此外,法学背景和医学背景的影响并不显著。

表5-8　单一学科背景对企业高管收入影响的最小二乘回归结果

模 型 分 类	未控制毕业院校质量	控制毕业院校质量
商科背景	0.186*** (0.033)	0.187*** (0.033)
法学背景	−0.051 (0.049)	−0.051 (0.049)
理学背景	0.242*** (0.033)	0.243*** (0.033)

---

① 卿石松,曾湘泉. 本科毕业生起薪的专业差异分析[J].北京大学教育评论,2013(4):98-109.

（续表）

模 型 分 类	未控制毕业院校质量	控制毕业院校质量
工学背景	−0.435***	−0.433***
	(0.079)	(0.079)
农学背景	−0.492**	−0.489**
	(0.198)	(0.198)
医学背景	0.197	0.198
	(0.165)	(0.165)
截距项	13.45***	13.45***
	(0.193)	(0.193)
观测数	16 427	16 427
R^2	0.127	0.127

注：(1) 模型 F 值在1％水平显著；(2) ***、**、*分别表示1％、5％、10％的显著性水平；(3) 括号内为异方差稳健标准误；(4) 因学科较多，本表篇幅过长，故未列入其他控制变量的回归结果。

为进一步揭示不同学科背景的收入效应，模型通过拆分企业高管样本，对一流大学学位在单一学科背景对企业高管收入影响中的作用进行考察。结果发现，在具有文科、法学、理学、农学和医学学科背景的企业高管中，毕业院校质量对企业高管收入的影响并不显著，单一学科背景的一流大学学位与企业高管收入之间的关系并不明确。在具有商科背景的企业高管中，毕业院校质量对企业高管收入具有显著的正向影响，一流大学效应为19.5％；在具有工学背景的企业高管中，毕业院校质量同样对企业高管收入具有显著的正向影响，一流大学效应为38.1％。由此看出，对全部企业高管而言，工学背景的收入效应显著低于其他学科背景的收入效应。但是，对只有工学一种学科背景的企业高管而言，一流大学学位还是能够促进收入的增加。也就是说，一流大学学位在一定程度弥补了工学背景在增加企业高管收入方面的劣势。

二、稳健测试分析

针对同时加入"毕业院校质量"和"学科背景"两个变量的回归方程，稳健性测试首先对设置虚拟变量的模型结果进行验证。从表5-9看到，毕业院校质量的回归系数仅在25％分位点显著，且显著性水平为10％，在其他分位点均不显著。这说明一流大学学位仅对收入(能力)位置排序相对较低的企业高管起一定作用。以文科背景作为参照组,分位数回归结果显示,商科背景、理学背景和工学背景在各个分位点对企业高管收入的影响均显著。商科背景和理学背景能为企业高管带来更高收入,而且在75%和90%分位点尤其明显。这说明与文科背景相比,商科背景和理学背景更能影响到收入(能力)位置排序相对较高的企业高管。稳健性测试依然表明工学背景对企业高管收入增加具有抑制作用。从10%和25%分位点的回归系数来看,工学背景能在更大程度上影响到收入(能力)位置排序相对较低的企业高管。

表 5 - 9 单一学科背景对企业高管收入影响的分位数回归结果

分位数	10%	25%	50%	75%	90%
毕业院校质量	0.066 (0.041)	0.046* (0.026)	−0.009 (0.020)	−0.012 (0.037)	0.028 (0.042)
商科背景	0.082** (0.042)	0.144*** (0.031)	0.126*** (0.018)	0.247*** (0.044)	0.242*** (0.062)
法学背景	−0.261*** (0.075)	−0.296*** (0.064)	−0.047 (0.056)	0.162*** (0.055)	0.128 (0.087)
理学背景	0.133** (0.057)	0.123*** (0.032)	0.153*** (0.021)	0.316*** (0.043)	0.293*** (0.070)
工学背景	−0.651*** (0.121)	−0.667*** (0.130)	−0.459*** (0.0816)	−0.290** (0.120)	−0.288** (0.130)
农学背景	−0.298** (0.152)	−0.453** (0.185)	−0.409** (0.185)	−0.560** (0.250)	−0.452 (0.419)
医学背景	−0.300 (0.335)	0.333*** (0.118)	−0.052 (0.074)	0.574** (0.265)	0.684 (0.418)
截距项	10.21*** (0.343)	11.77*** (0.264)	14.06*** (0.256)	15.77*** (0.203)	14.26*** (0.247)
观测数	16 427	16 427	16 427	16 427	16 427

注:(1) 模型 F 值在1%水平显著;(2) ***、**、*分别表示1%、5%、10%的显著性水平;(3) 括号内为异方差稳健标准误差;(4) 因学科较多,本表篇幅过长,故未列入其他控制变量的回归结果。

　　具有法学背景的企业高管情况比较特别。与文科背景相比,法学背景在10%、25%和75%分位点对企业高管收入存在显著影响:在10%和25%这两个分位点影响为负,在75%分位点影响为正。从某种意义上讲,与文科背景相比,法学背景对收入(能力)位置排序较高的企业高管具有积极作用,而对于收入(能力)位置排序相对较低的企业高管具有消极作用。除90%分位点外,农学背景对企业高管收入增加具有抑制作用。但农学背景并不能影响到收入(能力)位置排序最高的企业高管。从25%和75%分位点的回归结果看,医学背景对企业高管收入增加具有促进作用,但在50%分位点的影响并不显著。从异方差稳健标准误看,50%分位点的估计相对准确,因而与最小二乘回归结果相比,医学背景对企业高管收入的影响结论并未发生改变。

接下来,本研究对一流大学学位在不同学科中的收入效应进行测试,概括而言,分位数回归结果呈现"文科低收入""商科广分布""法学不显著""理学前半部""工学两端处"的规律性特征。

如表5-10所示,对于具有文科背景的企业高管而言,一流大学学位在10%分位点对收入增加具有促进作用,在其他分位点对企业高管收入影响均不显著。收入(能力)位置排序最低的企业高管将因文科背景而受益。对于具有商科背景的企业高管而言,一流大学学位在各个分位点对收入增加都有促进作用。在10%和25%这两个低分位点,一流大学学位的作用特别突出。因此,商科背景对收入(能力)位置排序较低的企业高管作用大。对于具有法学背景的企业高管而言,一流大学学位在各个分位点对收入影响均不显著。对于具有理学背景的企业高管而言,一流大学学位在10%、25%和50%分位点对企业高管收入具有显著的正向影响,在75%和90%分位点影响不显著。一流大学的理学背景对于收入(能力)位置排序较低的企业高管作用较大。对于具有工学背景的企业高管而言,一流大学学位对企业高管收入的条件分布两段影响显著,即在10%和90%分位点产生正向影响。由此看来,一流大学的工学背景使得收入(能力)位置排序最高和最低的企业高管受益,对中间段企业高管影响颇微。

表5-10　一流大学学位在单一学科背景对
企业高管收入影响中的作用

分位点	10%	25%	50%	75%	90%
一流大学文科背景	0.142* (0.083)	0.080 (0.068)	−0.008 (0.037)	−0.069 (0.083)	−0.043 (0.114)
观测数	3 176	3 176	3 176	3 176	3 176

(续表)

分 位 点	10%	25%	50%	75%	90%
一流大学商科背景	0.217*** (0.060)	0.265*** (0.057)	0.094*** (0.030)	0.123* (0.064)	0.164*** (0.062)
观测数	5 870	5 870 .	5 870	5 870	5 870
一流大学法学背景	0.028 (0.120)	0.001 (0.124)	−0.022 (0.069)	−0.108 (0.101)	−0.124 (0.102)
观测数	1 465	1 465	1 465	1 465	1 465
一流大学理学背景	0.160** (0.062)	0.156*** (0.041)	0.103** (0.043)	0.049 (0.087)	0.067 (0.082)
观测数	5 317	5 317	5 317	5 317	5 317
一流大学工学背景	0.639*** (0.219)	0.241 (0.164)	0.186 (0.190)	−0.015 (0.260)	0.480** (0.242)
观测数	448	448	448	448	448

注:(1) 模型 F 值在 1%水平显著;(2)***、**、*分别表示 1%、5%、10%的显著性水平;(3) 括号内为异方差稳健标准误;(4) 因学科较多,本表篇幅过长,故未列入其他控制变量的回归结果;(5)具有农学背景和医学背景的企业高管人数较少,在此不进行讨论。

第五节 复合学科背景对高管收入影响

由描述性统计可知,具有单一学科背景的企业高管平均年收入为 119.71 万美元,具有两种学科背景的企业高管平均年收入为 137.15 万美元,具有三种或三种以上学科背景的企业高管平均年收入为 138.59 万美元。与具有单一学科背景的企业高管相比,具有复合学科背景的企业高管平均年收入更高。那么,在控制受教育年限、工作年限、组织绩效等其他因素时,这一结论是否依然成立?包含学科背景的全样本回归结果显示,具有两种学科背景的企业高管要比具有单一学科背景的企业高管收入高 24.1%,而对于具有三种或三种以上学科背景的企业高管而言,学科数量对其收入的影响并不显著。由此看出,在其他条件既定时,两种学科背景对企业高管收入增加的作用最为显著。表 5 - 11 呈现了学科背景组合对企业高管收入的影响。

表 5-11　学科背景组合对企业高管收入的影响

学科背景组合	回归系数	标准误
商科＋文科	−0.125***	0.038
法学＋文科	0.127**	0.050
理学＋文科	−0.223***	0.069
理学＋法学	0.331***	0.078
商科＋法学	−0.102	0.089
工学＋商科	−0.529***	0.110
理学＋工学	−0.537***	0.154
医学＋文科	0.008	0.202
理学＋医学	0.040	0.210
其他组合	−0.379*	0.193

注：(1) 模型 F 值在 1％水平显著；(2) ***、**、*分别表示 1％、5％、10％的显著性水平；(3) 模型中的参照组为"理学＋商科"的学科背景组合；(4) 因学科较多，篇幅过长，故未列入其他控制变量的回归结果。

在具有两种学科背景的高管中，不同学科背景组合对企业高管收入的影响差异明显。研究选取人数最多的"理学＋商科"学科背景组合作为参照组。在控制其他条件时，具有"理学＋法学"学科背景组合的企业高管收入最高，高出"理学＋商科"学科背景组合企业高管（参照组）39.2％之多；具有"法学＋文科"学科背景组合的企业高管收入次之，高出"理学＋商科"学科背景组合企业高管 13.5％。相比而言，收入最低的是具有"理学＋工学"学科背景组合的企业高管，他们比"理学＋商科"学科背景组合的企业高管收入低 41.6％。看来，法学背景与其他学科背景组合能在一定程度放大企业高管的收入效应，而理学与工学的学科背景组合对企业高管收入增加的作用最小。

本研究对具有复合学科背景的企业高管样本进行回归，探寻一流大学学位在企业高管收入中的作用。由于一流大学学位的回归结果并不显著，因而无法判断在其他条件既定时一流大学学位是否在具有复合学科背景企业高管收入增加中存在积极影响（详见表 5-12）。为继续讨论一流大学学位与具有复合学科背景的企业高管收入之间的关系，在不控制其他条件的情况下，本研究采用描述性统计，列出不同学科背景组合下的企业高管平均年收入，对这一问题给出一些解答。从总的趋势上看，在不同学科背景组合的高管样本中，拥有一流大学学位的企业高管收入要高于拥有普通大学学位的企业高管。在样本人数最多的七种学科背景组合中，具有"理学＋法学"学科背景组合且拥有一流大学学位的企业高管平均年收入最高,达到191.97万美元;在样本人数最少的六种学科背景组合中,具有"医学＋文科"学科背景组合且拥有一流大学学位的企业高管平均年收入最高,达到225.73万美元;同时,与拥有普通大学学位的企业高管相比,具有"医学＋文科"学科背景组合且拥有一流大学学位的企业高管收入优势明显,二者均值差较大;而与拥有普通大学学位的企业高管相比,具有"法学＋文科"学科背景组合且拥有一流大学学位的企业高管收入优势最小(详见表5-13)。从某种程度上看,学科背景组合中的学科属性差异越大,一流大学学位对企业高管收入提升作用越强。具有渊博学识和广阔视野的企业高管或将得到更高的教育收益。

表5-12　一流大学学位在复合学科背景对
企业高管收入影响中的作用

模 型 分 类	模 型 一	模 型 二
受教育年限	−0.025***	−0.026***
	(0.009)	(0.009)
工作年限	−0.019*	−0.019*
	(0.010)	(0.010)
工作年限的平方×10⁻²	−0.038***	−0.038***
	(0.014)	(0.014)
第一学科背景中的毕业院校	0.037	
	(0.032)	
第二学科背景中的毕业院校		0.047
		(0.030)
截距项	12.99***	13.01***
	(0.271)	(0.271)
观测数	9 753	9 753
R^2	0.108	0.108

注:(1)模型F值在1%水平显著;(2)***、**、*分别表示1%、5%、10%的显著性水平;(3)括号内为异方差稳健标准误。

表5-13　不同学科背景组合的企业高管平均年收入

编号	学科背景组合		企业高管人数	拥有一流大学学位的企业高管	拥有普通大学学位的企业高管	两者平均年收入差值
1	理学	商科	3 233	163.96	132.97	30.99
2	商科	文科	2 755	142.46	115.81	26.65

（续表）

编号	学科背景组合		企业高管人数	拥有一流大学学位的企业高管	拥有普通大学学位的企业高管	两者平均年收入差值
3	法学	文科	1 323	126.50	124.79	1.71
4	理学	文科	494	109.99	84.77	25.22
5	理学	法学	375	191.97	132.04	59.93
6	商科	法学	348	134.95	117.81	17.14
7	工学	商科	269	161.30	80.32	80.98
8	理学	工学	117	113.72	70.42	43.3
9	医学	文科	55	225.73	95.85	129.88
10	理学	医学	44	152.11	54.44	97.67
11	理学	农学	22	85.74	42.20	43.54
12	医学	商科	17	34.75	28.39	6.36
13	工学	文科	8	43.77	33.00	10.77

注：企业高管平均年收入的单位为万美元。

第六节　学科背景收入效应的结果讨论

全样本回归结果表明，不同学科背景对企业高管收入具有不同影响。在全部七种学科中，理学背景在最大程度上促进了企业高管收入的增加。除理学背景外，商科背景和法学背景也对企业高管收入增加有着明显的促进作用。这也符合通常意义上人们对商科和法学在个人教育收益增加作用中的认知。本研究将除商科和法学以外的所有人文社会科学相关学科归入"文科"，而实证结果发现，文科背景也会对企业高管教育收益的增加产生积极作用。此外，虽然未能通过模型验证，但从描述性统计看，专业技术性较强的医学背景或许也可为企业高管带来较高的教育收益。而作为较为特殊的专业领域，农学背景可能不会为企业高管带来丰厚的回报。

有趣的是，工学背景对全球企业高管教育收益增加具有显著的负向作用，针对这一现象，本研究认为可能存在以下两点原因：第一，在全球万家企业中，与具有其他学科背景的企业高管相比，具有工学背景的企业高管平均工作年限在所有学科中最短。从研究样本来看,具有工学背景的企业高管平均工作年限为32.31年,具有单一工学背景的企业高管平均工作年限为32.79年,具有两种学科背景且其中一种学科为工学背景的企业高管平均工作年限为32.02年,具有三种或三种以上学科背景且其中一种学科为工学背景的企业高管平均工作年限为30.94年。这四组数据均不到33年,普遍低于具有其他学科背景企业高管的相应工作年限均值。如上一章针对"博士高管"的分析,工作年限偏短对人力资本积累具有明显的抑制作用,因而具有工学背景的企业高管在薪酬收入方面处于劣势。第二,工学侧重于培养技术型人才而非管理型人才。一方面,具有工学背景的企业高管或许是某一领域方面的专家,"一技之长"为他们立足企业赢得保障,占据技术型岗位;另一方面,受到学科的限制,具有工学背景的企业高管可能过于倚重自身的"技术优势",但难以占据"统领全局"的核心岗位,从而无法获得薪酬收入的全面提升。在本研究样本中,担任正职且具有工学背景的企业高管仅有25人,占具有工学背景企业高管总人数的2.7%,低于全部高管样本中担任正职的企业高管人员比例的平均水平(3.4%)。虽然理工科人才有着旺盛的市场需求,但已有研究证实,技术类专业毕业生有时并未占据领导岗位,从而导致相对不尽如人意的市场薪酬。[①]

在具有单一学科背景的企业高管中,以文科组作为参照,理学背景和商科背景在促进企业高管收入增加方面作用明显。相比于文科教育,理学教育有助于提升个人认识事物、分析现象和发现规律的能力。具有理学背景的企业高管更加适应风云莫测的市场环境变化对理性决策的思维要求。商科教育与则企业经营管理密切相连。专业性知识的摄入与资源网络的构建都为具有商科背景的企业高管提供更多展示个人能力的机遇。对于专业技术性较强的工学和农学而言,学科背景可能在一定程度上带给企业高管技术上的独特优势,但无法获得超出其他学科的能力"溢价"。此外,法学背景对企业高管收入的影响并不显著,这可能是法学背景与文科背景同质性较高所致。而具有医学背景的企业高管人数稀少,研究同样未能得到医学背景与企业高管收入关系的明确性结论。对于具有学科背景的全部企业高管而言,一流大学学位能够显著促进收入的增加,但对于只有单一学科背景的企业高管而言,一流大学学位对收入的影响并不显著。

---

① MERTENS A, RÖBKEN H. Does a Doctoral Degree Pay off? An Empirical Analysis of Rates of Return of German Doctorate Holders[J]. Higher Education, 2013, 66(2): 217-231.

学科背景对企业高管的收入效应可能在一定程度上抵消了毕业院校质量对企业高管的收入效应。相比之下,对于具有单一学科背景的企业高管来说,收入的增加或许更依赖学科背景而非一流大学学位。

在拥有一流大学学位的企业高管中,一流大学的商科背景和工学背景对企业高管收入增加具有显著的促进作用。一流大学的商科教育优势明显,毋庸多言。但特别的是,一流大学的工学教育也能在企业高管的收入增加中发挥作用,这是与没有一流大学工学背景的企业高管相比而言。如此看来,倘若工学背景不能像其他学科背景那般增加企业高管的教育收益,那么一流大学学位或将为那些曾经"不幸"选择工学教育的企业高管带来些许补偿。

不同学科背景对企业高管的个人收入具有十分不同的影响,从而产生程度不同的人力资本溢价。加拿大劳动力市场的研究表明,具有商科、医学、理学和工学背景的毕业生可以获得较高的教育收益,而具有农学、除商科外的其他人文学科和社会科学专业毕业生则得到了较低的教育收益。[1] 而荷兰劳动力市场的研究显示,商科、医学、科学技术领域学科以及法学毕业生对薪酬收入的期待要高于其他人文社会学科的毕业生。结果表明,除文学背景的毕业生未能合理预期薪酬收入,商科、医学、法学等专业毕业生均预测到自身取得的较高教育收益。[2] 除工学的特别结果外,本研究基本与这些研究得到了较为一致的结论。虽然在知识经济时代,科学技术领域学科可以带给个人较高的教育收益,[3]但是,学科背景与劳动力市场岗位误配的现象仍旧时有发生。[4] 从企业高管在劳动力市场中的岗位特征看,管理才能的差异导致薪酬收入的差异。甚至随着市场环境的变化,这种差异在被逐渐放大。[5] 工学背景高管更多适应技术性岗位需求(如首席信息官)。他们的发展路径相对单一,不如其他学科背景的高管在企业综合管理方面的优势明显,因而其专业技能未能转化为具有竞争力的薪酬

① FINNIE R, FRENETTE M. Earning Differences by Major Field of Study: Evidence from Three Cohorts of Recent Canadian Graduates[J]. Economics of Education Review, 2003, 22(2): 179-192.

② WEBBINK D, HARTOG J. Can Students Predict Starting Salaries? Yes! [J]. Economics of Education Review, 2004, 23(2): 103-113.

③ LAVOIE M, FINNIE R. Is It Worth Doing a Science or Technology Degree in Canada? Empirical Evidence and Policy Implications[J]. Canadian Public Policy, 1999, 25(1): 101-121.

④ ROBST J. Education and Job Match: The Relatedness of College Major and Work[J]. Economics of Education Review, 2007, 26(4): 397-407.

⑤ GABAIX X, LANDIER A. Why Has CEO Pay Increased so Much? [J]. The Quarterly Journal of Economics, 2008, 123(1): 49-100.

回报。特别是在学位类型日新月异的近几十年里,学科背景与职业收入之间的匹配关系变化巨大。① 随着经营和投资领域日趋多元,企业也比从前更加青睐具有全面知识和复合能力的管理人才。有研究表明,具有通用型知识和技能的人才能够获得更高的教育收益。② 同时,较单一学科背景而言,具有复合学科背景的企业高管能够获得更高的教育收益。在不同学科背景组合中,学科背景差异较大的个体平均年收入也相对更高。因此,摆在专业技术性较强的学科面前的问题是,专业型人才需要更好地适应多元化企业的经营与管理,才能为企业高管带来可观的个人收益。专用性人力资本如何实现更大效用,或将成为未来值得探讨的话题。

本研究中,在企业高管收入效应模型基础上加入学科背景变量后,一流大学学位对企业高管收入影响的回归结果并不理想。考虑到原模型中同样含有受教育年限等其他教育背景变量,太多的同质性因素可能造成解释项出现冗余信息。也就是说,当我们在模型中纳入过多反映个体教育背景的变量后,一部分变量的解释作用或将失效。对于纳入学科背景组合的模型而言,描述性统计可对实证结果加以补充。

在同一市场范畴内,人力资本对不同群体将产生迥异的作用。分位数回归在一定程度上反映了一流大学学位在不同学科中的作用。从总体情况看,收入(能力)排序位置较低的企业高管,其收入水平更多受到一流大学学位的解释。一流大学的教育在高管劳动力市场中对能力相对较低的群体作用明显。

如此看来,企业高管这一特殊群体同样符合能力与收入关系的市场分布特征,由此印证了相对收入位置反映市场对个人能力认可程度的基本观点。

本章小结

本章按照学科和专业属性,将具有学科背景信息的企业高管样本划分为文科、商科、法学、理学、工学、农学和医学等七个组别。从人数分布来看,具有商科

---

① FREEMAN J A, HIRSCH B T. College Majors and the Knowledge Content of Jobs[J]. Economics of Education Review, 2008, 27(5): 517-535.
② CUSTÓDIO C, FERREIRA M A, MATOS P. Generalists versus Specialists: Lifetime Work Experience and Chief Executive Officer Pay[J]. Journal of Financial Economics, 2013, 108(2): 471-492.

背景的企业高管人数最多。在各个学科组当中,拥有一流大学医学背景的企业高管占本学科组企业高管总人数的比例最高,而拥有一流大学工学和农学背景的企业高管人数占本学科组企业高管总人数的比例相对较低。

在具有学科背景的高管样本中,具有理学背景的企业高管平均年收入最高,具有工学背景的企业高管平均年收入最低。具有复合学科背景的企业高管的平均年收入要高于具有单一学科背景的企业高管。在不同的学科背景组合中,理学与法学的学科背景组合能够带给企业高管较高的收入。

不同的学科背景能够为企业带来不同的教育收益。基于明瑟收入方程的扩展形式,学科背景收入效应模型加入了反映高管学科背景、学科数量和学科背景组合的新变量。回归分析显示,在控制毕业院校质量的前提下,具有理学背景的企业高管获得了最大的教育收益,而与具有其他学科背景的企业高管相比,具有工学背景的企业高管教育收益较低。虽然具有工学背景的企业高管具有一定的专业技术优势,但其过于单一的知识和技能可能造成管理能力不足,从而凸显薪酬劣势。

由于企业高管的薪酬收入在很大程度上受到了学科背景的解释,因而,在单一学科背景的全样本回归中,毕业院校质量对收入的影响并不显著。过多的同质性教育因素可能造成冗余信息,影响了薪酬解释的力度。同时,在学科背景组合对企业高管收入影响的回归中,本研究未能测出企业高管的一流大学收入效应,但发现在样本人数相对较多的学科背景组合中,具有法学与理学学科背景组合的企业高管平均年收入较高,而在样本人数相对较少的学科背景组合中,具有医学与文科学科背景组合的企业高管平均年收入较高。相较于拥有专业性人力资本的企业高管,拥有通用性人力资本的企业高管能够获得更高收益。

采用分位数回归的稳健性测试表明,对于具有文科背景的企业高管而言,一流大学学位在条件分布的较低分位点处对企业高管收入具有正向影响,在其他分位点对企业高管收入影响均不显著;对于具有商科背景的企业高管而言,一流大学学位在各个分位点处对收入均有正向影响,在低分位点处的影响更大;对于具有理学背景的企业高管而言,一流大学学位在 10%、25% 和 50% 分位点处对企业高管收入具有显著的正向影响,在 75% 和 90% 分位点影响不显著。对于具有工学背景的企业高管而言,一流大学学位在企业高管收入的条件分布两段影响显著。总而言之,在不同学科当中,企业高管教育收益中的一流大学效应有条件出现,且效应大小对处于不同收入(能力)位置的人群大不相同。

第六章
海外学位中的一流大学效应

第一节 企业高管的海外学位分布特征

一、海外学位界定

海外学位指的是受教育者前往不同于本国的国家或地区接受教育而取得的学业文凭、称号或相应头衔。就高等教育而言,海外学位是由不同于本国的国家或地区大学颁发的学业文凭,包括海外学士学位、海外硕士学位、海外博士学位等。不过,即便规定了海外学位的地理空间含义和国别属性,企业高管的海外学位这一概念仍然具有理解上的模糊性:

第一种理解从企业高管的国籍特征出发,将海外学位视为个体从不同于本人国籍的其他国家或地区大学取得的学业文凭。如一位持有美国国籍的企业高管若拥有加拿大多伦多大学的学位,可视其拥有海外大学学位。国籍特征对理解海外学位这一概念最为直观。然而,考虑到企业高管存在更改国籍或持有双重或多重国籍的情况,这种认定海外学位的方法容易造成变量操作的复杂化和混乱化。

第二种理解从企业高管的出生地和居住地属性出发,将海外学位视为个体在不同教育阶段通过国家或地区迁移而取得的学业文凭。具体而言,拥有海外大学学位的企业高管曾在某国中等教育体系和另一国的高等教育体系中发生过地理空间上的位置移动。然而,这种认定海外学位的方法在数据采集方面难度颇大。需要考虑的是,在不同历史时期,不同国家及地区是否具有相似的人口和入学政策? 在全球人才流动的时代,企业高管居住的国家是否就是其常住国家?

　　第三种理解从毕业院校与任职企业所在地关系出发,将海外学位视为个体从不同于任职企业所在国家或地区的大学取得的学业文凭。如一位任职于德国企业的高管若拥有美国斯坦福大学的学位,即视其拥有海外大学学位。这种认定海外学位的方法显然没有考虑国籍、出生地、居住地等信息,但它却具有以下三点优势:第一,便于实现变量的操作化。只要能确定毕业院校所在国家(地区)与任职企业所在国家(地区)是否一致,就能判断企业高管是否拥有海外学位。第二,便于采集相关数据。每一位企业高管的毕业院校均具有国别属性,每一位企业高管的任职公司均存在注册地信息。第三,便于理解海外教育的延伸含义。海外教育是学习和理解异质文化的载体,海外学位能够反映企业高管在不同场域中接受教育和应用知识上的时空关联。从毕业院校到任职企业,高管需要适应不同国家或地区的文化环境,实现异质文化的时空转换。同时,高管也会将所学知识和文化理念应用于商业活动,进而转化成企业行为。因此,从高管毕业院校与任职企业所在地关系角度阐释海外学位也是对海外教育含义的延伸理解。

　　以上三种理解都突出了海外学位的概念内涵,强调受教育者的跨境流动与迁移的行为结果,并且以拥有大学学位作为度量标准。但在时空划分方面,三种理解又是从国籍特征、居住地属性以及毕业院校与任职企业所在地关系三个不同视角对“海外”进行定义。从变量的可操作性、数据的易获取性以及概念的应用价值上讲,本章倾向于第三种理解。

　　另外,海外学位是与本土学位相对的一个概念。本土教育通常指的是在本国或本地区的教育体系中接受教育,从而适应本国或本地区人才培养的需要。本土学位亦是通过在本国内的学校或教育体系中接受教育而取得的学业文凭。对高等教育而言,本土大学学位是由本国大学颁发的学业文凭,体现了与本国学生成长相适应的语言和文化环境。企业高管所拥有的本土大学学位透视出一国高等教育体系向本国劳动力市场输送管理人才的能力。由于本土学位与海外学位有着十分迥异的教育内涵和应用价值,因此,分析海外大学学位对企业高管的影响时应将本土大学学位视作参照系。

二、海外样本特征

　　本章基于企业高管的学位背景信息,以高管的毕业院校与任职企业是否处于同一国家(地区)作为判断“本土”抑或“海外”学位的标准。如果某位高管的毕业院校所在国家(地区)与其任职企业所在国家(地区)相同,那么就认定该企业高管拥有本土大学学位;如果某位高管的毕业院校所在国家(地区)与其任职企业所在国家(地区)不同,那么就认定该企业高管拥有海外大学学位。在定量研究中,本土大学学位作为分析海外大学学位的参照组。

本研究的高管样本中,共有 67 个国家(地区)的企业高管符合"拥有海外大学学位"的条件。[①] 这些高管的毕业院校与任职企业所在国家(地区)之间的关系网络如图 6-1 所示。图中线条粗细代表企业高管人数的多寡,箭头指向高管任职企业所在国家(地区)。可以看到,整个网络结构十分复杂,这反映出全球万家企业高管的教育背景具有明显的国际化特征。

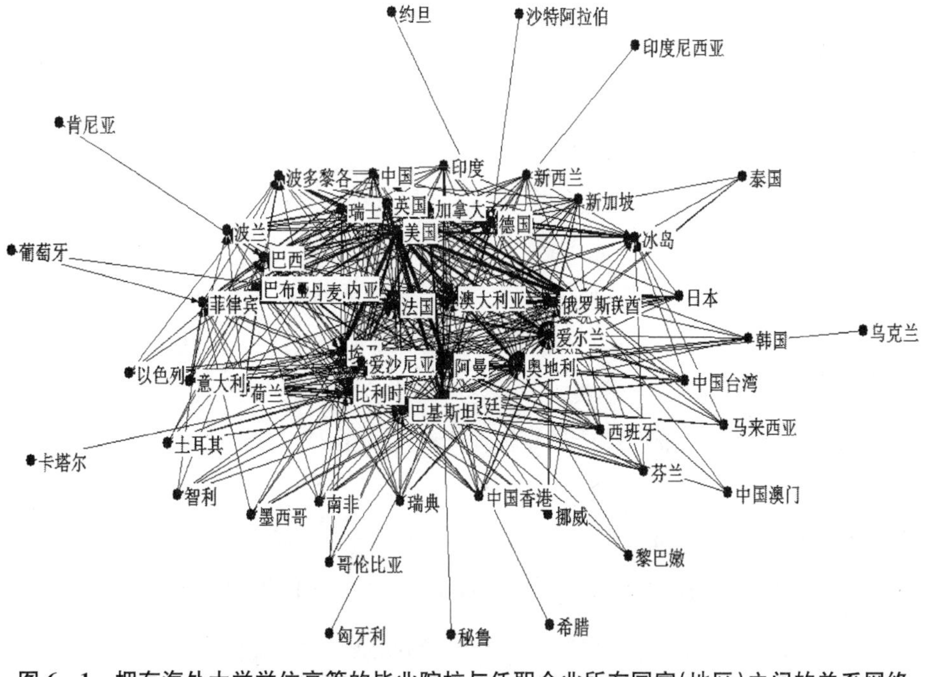

图 6-1 拥有海外大学学位高管的毕业院校与任职企业所在国家(地区)之间的关系网络

在全部高管样本中,拥有本土大学学位的共计 28 450 人,占 73.6%;拥有海外大学学位的共计 10 220 人,占 26.4%。如此看来,大部分企业高管还是"学在本土",但拥有海外大学学位的企业高管在人数上也具有一定规模。

---

① 中国香港、中国澳门、中国台湾同属中国,按照地区分别进行统计;波多黎各和百慕大群岛以地区进行统计。

在包含本土大学学位的样本中,美国企业高管的人数最多,达到 17 076 人;超过样本人数 1‰以上的国家(地区)还有中国(1 873 人)、加拿大(1 274 人)、法国(1 120 人)、英国(1 002 人)、南非(610 人)、德国(586 人)、中国香港(514 人)、意大利(453 人)、澳大利亚(429 人)、瑞典(356 人)、瑞士(323 人)、挪威(316 人)以及泰国(291 人)。

在包含海外大学学位的样本中,同样是美国企业高管的人数最多,为 2 209 人,超过样本人数 1‰以上的国家(地区)还有中国香港(1 116 人)、英国(813 人)、加拿大(689 人)、中国(597 人)、法国(477 人)、瑞士(469 人)、泰国(327 人)、澳大利亚(312 人)、荷兰(287 人)、南非(275 人)、德国(256 人)、新加坡(251 人)、爱尔兰(229 人)、挪威(186 人)、意大利(152 人)、马来西亚(147 人)、瑞典(143 人)、比利时(128 人)以及西班牙(112 人)。

对拥有本土大学学位和海外大学学位的企业高管进行分组统计,[①]得知在本土学位组中,毕业于普通大学的企业高管为 16 480 人,占本土学位组企业高管总人数的 57.9%;毕业于一流大学的企业高管为 11 970 人,占本土学位组企业高管总人数的 42.1%。在海外学位组中,毕业于普通大学的企业高管为 3 949 人,占海外学位组企业高管总人数的 38.6%;毕业于一流大学的企业高管为 6 271 人,占海外学位组企业高管总人数的 61.4%。表 6-1 反映了以上情况。由此可知,在拥有本土大学学位的企业高管中,近四成的企业高管毕业于一流大学;在拥有海外大学学位的企业高管中,逾六成的企业高管毕业于一流大学。与本土大学学位相比,企业高管的海外大学学位具有更为突出的"一流"属性。对大多数人而言,通过出国感受异域文化、提高语言能力、开阔自身视野仅仅是海外留学的附带价值,而通过出国就读一流大学、接受优质教育、获得能力认可才是海外留学的核心目的。

表 6-1　拥有本土大学学位和海外大学学位的
企业高管人数及比例分布

企业高管的学位背景	本土学位组	海外学位组
拥有普通大学学位的企业高管人数	16 480	3 949
拥有普通大学学位的企业高管人数占本组企业高管总人数的比例	57.9%	38.6%

---

① 按照样本中企业高管拥有的全部学位进行统计。

（续表）

企业高管的学位背景	本土学位组	海外学位组
拥有一流大学学位的企业高管人数	11 970	6 271
拥有一流大学学位的企业高管人数占本组企业高管总人数的比例	42.1%	61.4%
总计	28 450	10 220

三、海外学位特征

在企业高管拥有的海外学位中，学士学位计 6 254 个，硕士学位计 4 991 个，博士学位计 1 309 个。在学士层次，一流大学学位计 2 864 个，占该层次海外学位数量的 45.8%；在硕士层次，一流大学学位计 2 915 个，占该层次海外学位数量的 58.4%；在博士层次，一流大学学位计 787 个，占该层次海外学位数量的 60.1%。随着学位层次的提升，海外一流大学学位占海外学位数量的比例也相应提高。

从海外学位的主要来源国家（地区）看，美国（5 255 个）、英国（1 966 个）加拿大（884 个）、法国（579 个）、澳大利亚（438 个）等相对较多。在企业高管的海外毕业院校之中，研究对海外学位数量予以统计，发现哈佛大学（785 个）、剑桥大学（328 个）、斯坦福大学（284 个）、牛津大学（262 个）、宾夕法尼亚大学（253 个）、哥伦比亚大学（203 个）、麻省理工学院（174 个）、伦敦政治经济学院（169 个）、芝加哥大学（148 个）以及西北大学（美国，121 个）排在前十位。可以看到，这些大学均是美、英两国的一流大学。除以上学校外，加拿大的多伦多大学（108 个）、澳大利亚的新南威尔士大学（84 个）、南非的金山大学（64 个）也都是海外学位"输出大户"。

第二节 海外学位收入效应的模型建构

一、相关模型设计

拥有海外大学学位特别是海外一流大学学位能否为企业高管带来可观的个人收益？为测量海外大学学位对企业高管收入的影响，本节沿用明瑟收入方程和最小二乘回归,尝试构建海外学位收入效应模型。在基础模型中,因变量依然采用企业高管薪酬收入,由年收入的自然对数来表示,主要自变量为企业高管的教育程度(受教育年限)、工作经验(工作年限、工作年限的平方)和学位背景,控制变量有组织绩效(包含企业年收入、总资产和净利润)和行业。海外学位收入效应模型的方程形式如下:

$$\ln W = \alpha + \beta_1 \times S + \beta_2 \times E + \beta_3 \times E^2 + \mu \times O + \Sigma \eta_i \times X_i + \varepsilon \qquad (6.1)$$

在方程(6.1)中,$\ln W$ 表示企业高管年收入的自然对数;α 表示方程截距项;S 表示企业高管的受教育年限,β_1 表示加入学位背景后的企业高管教育收益率;E 和 E^2 表示企业高管的工作年限和工作年限的平方项,β_2 和 β_3 分别是其回归系数;O 表示学位背景(Overseas),不同取值分别代表海外大学学位和普通大学学位,μ 是学位背景变量的回归系数,如果 μ 是显著的,则说明海外大学学位能够对企业高管收入产生影响;X 和 η 分别表示控制变量及其回归系数;ε 表示随机扰动项。

在第三章中,本研究通过对明瑟收入方程的扩展形式添加"毕业院校质量",建立了测量企业高管收入效应的模型。为进一步探究一流大学学位对企业高管收入的影响情况,研究在方程(3.3)和方程(6.1)基础上加入毕业院校质量与学位背景的交互变量,得到如下方程:

$$\ln W = \alpha + \beta_1 \times S + \beta_2 \times E + \beta_3 \times E^2 + \varphi \times R + \mu \times O + \omega \times R \times O + \Sigma \eta_i \times X_i + \varepsilon$$
$$(6.2)$$

可以看到,新方程中,毕业院校质量与学位背景的交互变量为$(R \times O)$。此收入效应模型主要考察毕业院校质量与企业高管收入之间的关系。如果交互项的回归系数 ω 是显著的,就说明企业高管收入不再依赖毕业院校质量或学位背景的单独解释,而是由毕业院校质量和学位背景来共同解释,即一流大学学位和海外大学学位对企业高管收入产生的共同影响。从另一个角度说,企业高管的海外大学学位可能在一流大学学位对收入的影响中具有一定调节作用。

在各个学位层次,企业高管都可能拥有海外一流大学学位,如拥有海外一流大学学士学位、硕士学位或博士学位。针对不同学位层次中的海外大学学位,测量一流大学学位对企业高管收入的影响依然可以通过交互变量的使用来实现,具体模型如下:

$$\ln W = \alpha + \varphi_1 \times R_{bachelor} + \mu_1 \times O_{bachelor} + \omega_1 \times R_{bachelor} \times O_{bachelor} + \varphi_2 \times R_{master}$$

$$+ \mu_2 \times O_{master} + \omega_2 \times R_{master} \times O_{master} + \varphi_3 \times R_{doctor} + \mu_3 \times O_{doctor}$$

$$+ \omega_3 \times R_{doctor} \times O_{doctor} + \Sigma \eta_i \times X_i + \varepsilon \tag{6.3}$$

其中 $R_{bachelor}$、R_{master} 和 R_{doctor} 分别代表学士、硕士和博士学位层次的毕业院校质量，$O_{bachelor}$、O_{master} 和 O_{doctor} 分别代表与学士、硕士和博士学位层次对应的学位背景，交互变量（$R_{bachelor} \times O_{bachelor}$）、（$R_{master} \times O_{master}$）和（$R_{doctor} \times O_{doctor}$）分别用以考察海外一流大学学士学位、海外一流大学硕士学位和海外一流大学博士学位对企业高管收入的影响。X_i 包含工作年限、工作年限的平方项、企业年收入、总资产、净利润和行业等一系列控制变量。需要注意的是，如果回归系数 ω 是显著为正的，则说明海外一流大学学位对企业高管收入增加具有积极作用，各个学位层次中，海外一流大学学位的作用可通过 ω_1、ω_2 和 ω_3 依次进行判断。

二、主要变量说明

本章继续使用明瑟收入方程的扩展模型对企业高管的薪酬收入、教育程度、工作经验、组织绩效以及行业变量进行测量，具体取值方法与前面各章保持一致。

在企业高管的毕业院校质量方面，拥有普通大学学位的高管样本取值为 0，拥有一流大学学位的高管样本取值为 1。不区分学位层次讨论时，每个样本以最高学位层次中毕业院校的最佳排名名次区间的取值为准；单独讨论某一学位层次时，每个样本以该学位层次中毕业院校的最佳排名名次区间的取值为准。

加入学位背景变量后，模型能够更好地解释企业高管薪酬收入的影响因素，分析海外人才的教育收益。对此，海外学位收入效应模型采用二分制虚拟变量，以拥有本土大学学位的高管样本作为参照组：拥有本土大学学位的企业高管取值为 0，与之对应，拥有海外大学学位的企业高管取值为 1。如果某位企业高管在同一学位层次中既有本土大学学位又有海外大学学位，则按照海外大学学位对其取值。如果某位企业高管在不同学位层次中既有本土大学学位也有海外大学学位，则按照该企业高管的学士、硕士和博士学位依次进行判断。

针对毕业院校质量和学位背景的交互变量，模型分别选取拥有普通大学学位和本土大学学位的高管样本作为参照组：当 R 取值为 0 时表示企业高管拥有普通大学学位，当 R 取值为 1 时表示企业高管拥有一流大学学位；当 O 取值为 0

时表示企业高管拥有本土大学学位,当 O 取值为 1 时表示企业高管拥有海外大学学位;当 $(R \times O)$ 取值为 1 时表示企业高管既有一流大学学位又有海外大学学位,其中在同一学位层次中,$(R \times O)$ 取值为 1 表示企业高管拥有的是海外一流大学学位。由于样本中可能重叠存在着"同时拥有普通大学学位和一流大学学位"与"同时拥有本土大学学位和海外大学学位"两类企业高管,因而采用"最佳排名名次区间"和"海外大学学位"的共同取值标准,避免计量困扰。

按照上述取值原则,交互变量的基准组应设定为"只有本土大学学位和普通大学学位的企业高管",其中在同一学位层次中,基准组为"拥有本土普通大学学位的企业高管"。通过计量模型设计,不难发现,每组方程只存在截距项的差异。其中 φ 反映了企业高管的毕业院校质量差异,μ 是反映了企业高管的学位背景差异,ω 反映了企业高管的学位背景与毕业院校质量的共同差异。研究最关心的当属 ω 的符号和系数大小,以此分析海外大学和一流大学对企业高管教育收益的共同影响。当然,模型中是否存在交互效应还需要根据多种检验方式进行综合考量。

三、样本描述统计

拥有本土大学学位收入高还是拥有海外大学学位收入高? 通过对企业高管平均年收入进行比较可以为这一问题提供答案。在高管样本所属的全球企业中,拥有本土大学学位的企业高管平均年收入为 114.13 万美元,超过拥有海外大学学位企业高管的平均年收入(100.82 万美元)。单从这一结果看,拥有本土大学学位的企业高管似乎收入更高。但是,拥有本土大学学位的企业高管人数(28 450 人)占全部企业高管样本总人数的 73.6%,而且其中来自美国企业的高管人数(17 076 人)又在本土学位组的企业高管人数中占有 60.0%,因而美国企业的高管收入可能会很大程度地影响到本土学位组和海外学位组企业高管平均年收入的比较结果。若将美国企业的高管样本单独提出,可发现以下结果:

第一,非美国企业与美国企业的高管在薪酬收入上存在很大差距。如表 6 - 2 所示,本土学位组中的非美国企业高管平均年收入(49.00 万美元)还不及本组美国企业高管平均年收入(157.51 万美元)的三分之一;海外学位组中的非美国企业高管平均年收入(78.31 万美元)未达到本组美国企业高管平均年收入(182.45 万美元)的一半。也就是说,美国企业高管的收入水平可以大幅度拉高平均值。

表 6-2 不同学位背景企业高管的年收入、
受教育年限和工作年限均值

本土学位背景			
企业高管分组	全球企业	美国企业	非美国企业
年收入	114.13	157.51	49.00
受教育年限	17.57	17.93	17.04
工作年限	34.63	34.93	34.19
海外学位背景			
企业高管分组	全球企业	美国企业	非美国企业
年收入	100.82	182.45	78.31
受教育年限	18.32	18.15	18.36
工作年限	33.51	34.13	33.34

注：企业高管年收入的货币单位为万美元。

第二，在非美国企业的高管样本中，拥有海外大学学位的企业高管平均年收入（78.31 万美元）要明显高于拥有本土大学学位的企业高管平均年收入（49.00 万美元）。可见，在排除美国企业高管样本后，子样本的年收入比较结果与总体样本的比较结果截然不同。

第三，在美国企业的高管样本中，拥有海外大学学位的企业高管平均年收入（182.45 万美元）依然高于拥有本土大学学位的企业高管平均年收入（157.51 万美元），但拥有海外大学学位的企业高管只有 2 209 人，所占比例很小（11.5%）。

由于美国企业高管样本存在特殊的数据结构，就两类高管样本的全球平均计算结果看，拥有本土大学学位的企业高管似乎收入更高。但是，排除美国本土企业高管"高薪"的情况，其他国家中拥有海外大学学位的企业高管具有更高的平均年收入。

在涉及企业高管人力资本的其他变量中，拥有海外大学学位的企业高管比拥有本土大学学位的企业高管受教育年限更长，分别是 18.32 年对 17.57 年。拥有海外大学学位的非美国企业高管比拥有海外大学学位的美国企业高管受教育年限更长，分别是 18.36 年对 18.15 年。由此可见，拥有海外大学学位的企业高管的平均受教育年限接近硕士水平，而拥有海外大学学位的非美国企业高管教育程度最高。

在企业高管的工作年限方面,一般来说,受教育年限越长的企业高管,工作年限就会相应越短,因而就总体来看,拥有海外大学学位企业高管的平均工作年限比拥有本土大学学位企业高管的平均工作年限要短,具体为 33.51 年对 34.63 年。在拥有本土大学学位的企业高管中,美国企业高管的平均工作年限要比非美国企业高管的平均工作年限更长,分别是 34.93 年对 34.19 年。在拥有海外大学学位的企业高管中,美国企业高管的平均工作年限同样要比非美国企业高管的平均工作年限长,分别是 34.13 年对 33.34 年。由此看出,美国企业高管的工作经验要更加丰富,而拥有本土大学学位的美国企业高管最有工作经验。

第三节　海外学位对企业高管收入影响

一、海外学位影响

鉴于美国企业高管在样本描述统计中的数据结构特点,为测量学位背景对企业高管收入的影响,海外学位收入效应模型分别对全部高管样本、美国企业高管样本和非美国企业高管样本进行回归(详见表 6 - 3)。全部高管样本的回归结果显示,海外大学学位对企业高管收入具有显著的负向影响。拆分高管样本后发现,海外大学学位对美国企业高管收入的影响不显著,但是海外大学学位对非美国企业高管收入却具有显著的正向影响。如此看来,在全部高管样本回归中,海外大学学位与收入的关系受到美国企业高管样本结构的影响。

表 6 - 3　海外大学学位对美国和非美国企业高管收入的影响

样 本 分 组	全部企业高管	美国企业高管	非美国企业高管
受教育年限	0.034*** (0.004)	−0.074*** (0.005)	0.039*** (0.005)
工作年限	0.037*** (0.005)	−0.019*** (0.007)	0.044*** (0.006)
工作年限的平方×10^{-2}	−0.105*** (0.007)	−0.058*** (0.010)	−0.095*** (0.009)

（续表）

样 本 分 组	全部企业高管	美国企业高管	非美国企业高管
海外大学学位	−0.320***	0.042	0.271***
	(0.019)	(0.030)	(0.024)
组织绩效	控制	控制	控制
行业	控制	控制	控制
截距项	10.79***	14.31***	8.731***
	(0.133)	(0.166)	(0.171)
观测数	38 670	19 285	19 385
R^2	0.112	0.171	0.102

注：（1）模型 F 值在1％水平显著；（2）***、**、*分别表示1％、5％、10％的显著性水平；（3）括号内为异方差稳健标准误。

美国在当今全球经济、商业乃至高等教育领域的发展中处于领先地位。由于美国本土数量庞大的高等教育机构具有雄厚的企业人才培养能力，因而对于就职于美国企业的高管而言，海外大学学位与个人收入的关系较为特殊：就数据结果看，海外大学学位对美国企业高管收入的影响并不显著。除美国外，其他国家和地区的经济和教育发展水平大多位居美国之下，由美国等发达国家提供的海外大学教育却提高了这些国家企业高管的市场竞争力。由此验证，海外大学学位对非美国企业高管收入具有显著的正向影响。

如前章所述，一流大学学位显著影响了企业高管收入，企业高管的教育收益中存在"一流大学效应"。从表6-4的第二列到第三列，如果在收入效应模型中加入学位背景变量，那么即便在控制学位背景的情况下，一流大学学位还是对企业高管收入具有显著的正向影响，其中拥有一流大学学位的企业高管比拥有普通大学学位的企业高管收入高29.7％（$e^{0.260}-1$）。在第三列中，模型加入了企业高管毕业院校质量和学位背景的交互变量。毕业院校质量变量的回归系数依然显著为正，即一流大学学位对企业高管收入具有正向影响，但海外大学学位对企业高管收入的影响并不显著，交互变量在1％水平显著为负。另外，从模型的拟合情况看，加入学位背景变量使得拟合优度从11.0％提高到11.7％；加入毕业院校质量与学位背景的交互变量以后，模型的拟合优度上升至12.3％。拟合优度的提高在某种意义上证实海外大学学位对企业高管收入存在一定的解释力度。

表 6-4 毕业院校质量和学位背景对企业高管收入的影响

收入效应模型	毕业院校质量影响	学位背景影响	二者共同影响
受教育年限	0.013***	0.022***	0.019***
	(0.004)	(0.004)	(0.004)
工作年限	0.038***	0.036***	0.035***
	(0.005)	(0.005)	(0.005)
工作年限的平方×10^{-2}	−0.106***	−0.105***	−0.103***
	(0.007)	(0.007)	(0.007)
一流大学学位	0.224***	0.260***	0.435***
	(0.016)	(0.016)	(0.019)
海外大学学位		−0.353***	−0.046*
		(0.019)	(0.027)
一流大学学位×海外大学学位			−0.620***
			(0.037)
组织绩效	控制	控制	控制
行业	控制	控制	控制
截距项	11.03***	10.92***	10.94***
	(0.133)	(0.132)	(0.132)
观测数	38 670	38 670	38 670
R^2	0.110	0.117	0.123

注:(1)模型 F 值在 1% 水平显著;(2)***、**、*分别表示 1%、5%、10%的显著性水平;(3)括号内为异方差稳健标准误。

对于含有交互变量的海外学位收入效应模型,回归结果出现了交互变量的回归系数显著,但主效应中学位背景变量的回归系数仅在 10% 水平显著的情况,对此需要采用联合显著性检验判断是否存在交互效应。联合显著性检验结果表明交互效应存在($F=0.0\,000$),即毕业院校质量和学位背景不再单独起作用,而是能够共同影响企业高管收入。因此,在全部高管样本中,海外大学学位在一定程度上削弱了一流大学学位对企业高管收入的正向影响。

由于上述论断与人们的通常认知存有一定偏差,为测试交互效应的结果稳健性,本研究对模型中的毕业院校质量和交互变量进行重新赋值。前文所述的毕业院校质量以最高学位层次中的大学排名名次区间作为参照,此时,在交互效应中,海外大学学位可能仅仅削弱的是个体在工作前拿到的最后一个学位的影响,却并没有否定前置学位带来的潜在收入效应。采用企业高管在各个学位层次中的最佳排名院校取值有助于对这一问题再检验：在企业高管所拥有的全部学位中，按照最佳排名院校的排名名次区间对毕业院校质量取值，如果交互效应存在，且交互项回归系数显著为正，那么海外大学学位就增强了一流大学学位对企业高管收入的正向影响，不管它是对最后一个学位起作用还是对前面哪个学位起作用；如果交互效应存在，且交互项回归系数显著为负，那么我们就有理由相信，海外大学学位的确削弱了一流大学学位对企业高管收入的正向影响。测试结果发现，毕业院校质量的回归系数显著为正(0.488)，学位背景变量的回归系数不显著，交互变量的回归系数显著为负(-0.657)。联合显著性检验证实交互效应存在($F=0.0000$)，这与之前得到的结论基本一致，即海外大学学位和一流大学学位对企业高管收入具有共同影响，其中海外大学学位削弱了一流大学学位对企业高管收入的正向影响。

二、调节效应分析

交互效应主要关注的是海外大学学位和一流大学学位对企业高管收入的共同影响，而调节效应则是对"一流大学效应"问题的深入认识。在交互效应中，如果将毕业院校质量作为影响个人收入的核心因素，那么学位背景变量就成为调节毕业院校质量与个人收入关系方向及强弱的辅助因素。考虑到海外大学学位可能对美国企业高管存在特别影响，首先对美国企业和非美国企业高管样本分别进行处理。拆分样本后的回归结果显示：在美国企业高管中，毕业院校质量变量和交互变量的回归系数均不显著，模型不存在交互效应；在非美国企业高管中，毕业院校质量变量、学位背景变量以及交互变量的回归系数均在1%水平显著，分别为0.650、0.504和-0.797。下面来分析调节效应：在主效应中，一流大学学位和海外大学学位促进了企业高管收入的增加，而在交互效应中，海外大学学位和一流大学学位抑制了企业高管收入的增加。基于最佳排名院校，稳健性测试得出一致结论。根据非美国企业高管样本，在含有毕业院校质量和学位背景交互变量的模型中，简单斜率法验证海外大学学位在企业高管收入效应中的调节作用。

图6-2中的虚线和实线分别代表"普通大学"和"一流大学"的两组企业高管，从线段斜率不难看出，海外大学学位调节了普通大学学位对企业高管收入的影响，对普通大学的收入效应具有促进作用。由于海外大学学位的调节作用，拥

有普通大学学位的企业高管与拥有一流大学学位的企业高管收入差距大幅缩小，几乎达到同一水平。

单位：万美元

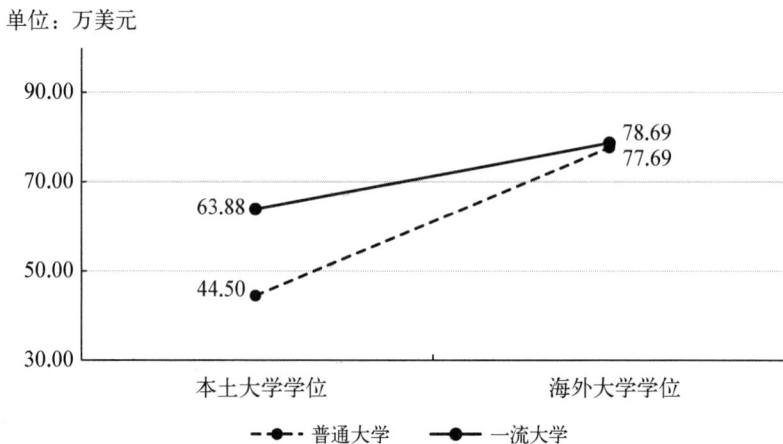

图 6-2   海外大学学位在非美国企业高管收入效应中的调节作用

综上分析，海外大学学位并不能与一流大学学位一道提高企业高管的收入水平。对于那些毕业于世界一流大学的企业高管而言，海外大学学位不仅不能为一流大学学位"锦上添花"，二者在教育收益中还存在一定程度的抵消作用。相反，海外大学学位对个人收入的正向预测作用却可以体现在普通大学学位上面。对于那些就职于非美国企业的高管，海外大学学位能缩小拥有普通大学学位的企业高管与拥有一流大学学位的企业高管之间的收入差距，弥补一流大学教育阙如给个人收益带来的影响，强化普通大学在教育收益中的作用。

三、学位层次分析

在各个学位层次中，海外一流大学学位可能对企业高管收入具有影响。对于学士、硕士和博士，究竟哪个层次的海外一流大学学位能够促进企业高管收入的增加？公式(6.3)将各个学位层次中的毕业院校质量、学位背景以及交互变量依次代入模型。在全部企业高管、美国企业高管、非美国企业高管三组样本中，模型均通过检验，膨胀系数(VIF)在 5.00 上下，不存在多重共线性问题。表6-5重点展示交互项结果。

表 6-5　各个学位层次中的海外大学学位对企业高管收入的影响

样 本 分 组	全部企业高管	美国企业高管	非美国企业高管
海外一流大学学士学位	−0.577***	−0.018	−0.772***
	(0.046)	(0.082)	(0.058)
海外一流大学硕士学位	−0.393***	0.158	−0.330***
	(0.052)	(0.122)	(0.070)
海外一流大学博士学位	−0.045	0.339	0.022
	(0.092)	(0.220)	(0.110)
其他变量	控制	控制	控制
截距项	11.18***	13.09***	9.391***
	(0.113)	(0.147)	(0.147)
观测数	37 934	18 771	19 163
R^2	0.129	0.174	0.119

注：(1) 模型 F 值在 1% 水平显著；(2) ***、**、*分别表示 1%、5%、10% 的显著性水平；(3) 括号内为异方差稳健标准误；(4) 共有 736 个海外学位无法判断学位层次归属，在回归分析前已作删除处理；(5) 其他变量包括工作年限、工作年限的平方项、组织绩效、行业等。

在美国企业高管样本组，交互变量的回归系数均不显著，因而不存在交互效应。其他两个样本组呈现出相同特征：在学士层次，毕业院校质量变量和学位背景变量的回归系数显著为正，交互变量的回归系数显著为负，说明一流大学学士学位与海外学士学位的交互效应存在，海外一流大学学士学位对企业高管收入增加具有抑制作用；在硕士层次，毕业院校质量变量的回归系数显著为正，学位背景变量的回归系数显著（全部企业高管样本中该系数为负，非美国企业高管样本中该系数为正），而交互变量的回归系数显著为负，说明一流大学硕士学位与海外硕士学位的交互效应存在，海外一流大学硕士学位对企业高管收入增加具有抑制作用；在博士层次，交互变量的回归系数不显著，因而海外一流大学博士学位的影响不显著。

综上，海外一流大学不能为企业高管带来教育收益的增加。在学士和硕士层次，海外大学学位对非美国企业高管收入增加具有促进作用，但海外一流大学学位却并没有这种作用。"海外"与"一流"并不会在企业高管中产生叠加的教育收益。

四、区域发展视角

达尔玛迪（Darmadi）曾在印度尼西亚企业高管的研究中指出，海外大学学位在发展中国家被视为一种"杰出的成就",特别是对企业高管成员而言,拥有海外大学学位与企业绩效存在十分密切的关系。[1] 由此推断,海外大学学位可能对发达国家(地区)和发展中国家(地区)企业高管的意义大不相同。在前面的研究中,已知美国企业高管样本对海外学位收入效应的估计影响较大,因此,为验证海外大学学位与企业高管收入关系的实证结果,本节进一步拆分非美国企业高管样本,探析海外学位对不同国家和地区企业高管收入的影响。参照国际货币基金组织(IMF)对全球发达国家(地区)和发展中国家(地区)的分类标准,[2]韩国、日本、新加坡、澳大利亚、新西兰、冰岛、挪威、瑞典、丹麦、芬兰、爱尔兰、英国、荷兰、比利时、卢森堡、法国、西班牙、葡萄牙、瑞士、德国、奥地利、捷克、斯洛伐克、爱沙尼亚、拉脱维亚、立陶宛、斯洛文尼亚、意大利、圣马力诺、马耳他、希腊、塞浦路斯、以色列、加拿大、波多黎各等属于发达国家或地区,其他国家(地区)属于发展中国家(地区)。表 6-6 对发达国家企业(不含美国企业)和发展中国家企业两组高管样本分别进行回归,以观测海外大学学位的收入效应差异。

表 6-6　海外大学学位对不同国家(地区)企业高管收入的影响

非美国企业高管样本分组	发达国家(地区)	发展中国家(地区)
海外大学学位	0.192***	0.434***
	(0.029)	(0.040)
其他变量	控　制	控　制
截距项	8.475***	10.25***
	(0.218)	(0.272)
观测数	12 464	6 849
R^2	0.120	0.083

注:(1) 模型 F 值在 1%水平显著;(2) ***、**、*分别表示 1%、5%、10%的显著性水平;(3) 括号内为异方差稳健标准误差;(4) 其他变量包括工作年限、工作年限的平方项、组织绩效、行业等。

可以看到,海外大学学位对两组企业高管收入均具有显著正向影响。在发达国家(地区)企业中,控制其他条件时,与拥有本土大学学位的高管相比,拥有

① DARMADI S. Board Members' Education and Firm Performance: Evidence from a Developing Economy[J]. International Journal of Commerce & Management, 2011, 23(2): 113 - 135.
② IMF. World Economic Outlook: Too Slow for Too long[R]. Washington DC: International Monetary Fund, 2016.

海外大学学位的高管收入要高出 21.2％($e^{0.192}-1$)。海外大学学位对发展中国家(地区)企业高管收入增加作用明显,其收入效应高达 54.3％,说明在这些国家和地区中,海外大学学位具有很高的认可程度,能够大幅度增加企业高管的个人收入。

在加入毕业院校质量变量后,海外大学学位和一流大学学位对企业高管收入显现出共同影响。如表 6-7 所示,无论是对发达国家(地区)还是对发展中国家(地区)企业高管而言,一流大学学位和海外大学学位分别对收入增加有相当程度的促进作用。然而,交互变量的负向系数表明,海外大学学位抑制了一流大学学位对企业高管收入的正向影响。采用最佳排名院校的取值同样验证了这一结果,交互变量的回归系数分别为:发达国家(地区)企业组,-0.608;发展中国家(地区)企业组,-0.637。

表 6-7　一流大学学位和海外大学学位对不同
国家(地区)企业高管收入的影响

非美国企业高管样本分组	发达国家(地区)	发展中国家(地区)
一流大学学位	0.513***	0.410***
	(0.039)	(0.080)
海外大学学位	0.369***	0.624***
	(0.039)	(0.054)
一流大学学位×海外大学学位	-0.567***	-0.658***
	(0.058)	(0.099)
其他变量	控制	控制
截距项	8.635***	10.28***
	(0.217)	(0.272)
观测数	12 464	6 849
R^2	0.131	0.089

注:(1) 模型 F 值在1％水平显著;(2) ***、**、*分别表示 1％、5％、10％的显著性水平;(3) 括号内为异方差稳健标准误差;(4) 其他变量包括工作年限、工作年限的平方项、组织绩效、行业等。

最后,在不同学位层次中,海外一流大学学位对不同国家和地区企业高管收入的影响有所不同。在发达国家(地区)企业组和发展中国家(地区)企业组中,模型均通过检验,膨胀系数分别为 5.20 和 5.29,均小于 10。在学士层次,一流大学学位和海外大学学位的回归系数均显著为正,而海外一流大学学士学位的回归系数显著为负,说明海外一流大学学士学位并不能促进发达国家(地区)企业高管的收入增加。硕士层次与学士层次面临相同情况。在博士层次,发达国家(地区)企业组中三个主要变量的回归系数均不显著;一流大学博士学位和海外一流大学博士学位对发展中国家(地区)企业高管收入具有显著负向影响,而海外大学学位的影响并不显著。

五、实证结果小结

本节证实了海外大学学位对企业高管收入的正向影响。可以预测,在其他条件既定的情况下,海外大学学位能够促进企业高管收入的增加。与此同时,海外大学学位在不同群体的收入效应中作用迥异:对于拥有一流大学学位的企业高管而言,海外大学学位削弱了一流大学学位的"功效";对于拥有普通大学学位的企业高管而言,海外大学学位补强了普通大学学位的"短板",具有调节作用。在不同的学位层次中,海外一流大学学位不会产生"叠加"的个人收益。在不同国家和地区的企业中,海外学位收入效应得到了不同程度的验证。因此,就企业高管教育收益来说,海外大学与一流大学形成了一种特别的"替代关系",海外大学学位并不能对一流大学的收入效应产生积极影响,反而对普通大学的收入效应有所促进。

第四节   海外学位收入效应的结果讨论

从人力资本的角度看,就业流动能实现人力资本价值的增值。[①] 肖斯塔(Sjaastad)曾言道,"流动是一种具有成本和收益的资源配置方式",他认为就业流动能产生一定的经济收益。在高等教育领域,人才流动会对教育收益产生积极影响。[②] 通过毕业院校和就职部门间的国别迁移,毕业生中的杰出群体能够有效整合信息,实现优势资源的再加工。由于本土大学与海外大学的教育模式存在差异,接受异质性文化的毕业生可以在语言能力、国际视野、社会资源等方面累积自身优势。作为杰出毕业生的企业高管,流动不仅实现了个人学历的价

---

① SCHULTZ T W. Investment in Human Capital[J]. The American Economic Review, 1961, 51(1): 1 - 17.
② SJAASTAD L A. The Costs and Returns of Human Migration[J]. Journal of Political Economy, 1962, 70(5): 80 - 93.

值提升,而且带来了海外学位的收入溢价。因此,企业高管的海外教育收益诠释了人才流动所带来的人力资本价值增值。

不过,海外学位的收入溢价也有着一定的区域适用性。美国企业高管并不会通过海外学位获得收入增加。作为经济和高等教育强国,美国企业能够大量吸纳本土大学输送的商业英才,与海外大学学位相比,本土大学学位能为美国高管带来更高的教育收益。与美国企业高管相比,非美国企业高管因接受其他国家或地区的大学教育而在个人收入方面有所得益。特别是在发展中国家中,海外大学学位对企业高管收入增加具有明显的正向作用。这一结果说明海外大学学位对企业高管收入的影响存在一定的国别和区域差异。

另一个值得探讨的问题是一流大学学位与海外学位的交互作用并不能增加企业高管的收入。过往研究认为,在那些缺少一流大学的发展中国家,虽然海外大学学位有时被视为一流大学学位的替代品进行讨论,但海外学位能否增加收益这一问题值得商榷。如鲍尔(Ball)和奇克(Chik)在马来西亚的数据检验结果表明,海外大学学位(一流大学学位)既不会显著提升个人的收入水平,也不会改善个人的工作满意度。[①] 而达尔玛迪(Darmadi)在印度尼西亚的研究证实,海外学位对组织收益有所贡献,但与本土大学学位相比,拥有海外大学学位(一流大学学位)的高管比例对企业绩效没有显著的正向影响。[②] 在控制了学位背景的条件下,本研究发现,虽然一流大学学位对发达国家(美国除外)和发展中国家企业高管收入均具有显著的正向影响,但是,海外大学学位不能与一流大学学位共同对企业高管收入产生积极作用。在学士和硕士层次,海外一流大学学位对企业高管收入也有不同程度的负向影响。对此,一个可能的原因是,本国一流大学的教育经历已经可以为高管赢得了企业经营活动所需的知识与技能。更进一步,与拥有海外一流大学学位的企业高管相比,拥有本土一流大学学位的企业高管可以借助信息通畅的社会网络更快适应国内劳动力市场的竞争环境,从而获得更高的能力认可。因此,对于毕业于普通大学的企业高管而言,海外大学教育在开阔视野、提升能力方面的作用更为突出,对于毕业于一流大学的企业高管而言,海外大学教育与本土大学教育具有各自优势,以至于海外大学学位可以缩小

---

① BALL R, CHIK R. Early Employment Outcomes of Home and Foreign Educated Graduates — the Malaysian Experience[J]. Higher Education, 2001, 42(2): 171-189.

② DARMADI S. Board Members' Education and Firm Performance: Evidence from a Developing Economy[J]. International Journal of Commerce & Management, 2011, 23(2): 113-135.

毕业于普通大学和毕业于一流大学的企业高管的收入差距,却不能与一流大学学位一道,产生收入叠加效应。海外大学学位较大程度地调节了拥有普通大学学位的企业高管的收入效应。

本章小结

本章基于企业高管的毕业院校与任职企业之间的国别关系,厘定海外大学学位这一概念,通过可视化技术呈现关联特征。在本土大学学位和海外大学学位的比较中,研究发现,拥有海外教育经历的"一流大学"企业高管比例更高,"一流大学"特征更为明显。

海外大学学位对于美国和非美国企业的高管具有截然不同的意义,因此也会形成不同的收入差别。但总体来看,无论是在美国企业还是在非美国企业,拥有海外大学学位的高管平均年收入都要高于拥有本土大学学位的高管。

海外大学学位对美国企业高管收入具有负向影响,却能够明显促进非美国企业高管收入的增加。这说明海外大学学位对不同国家企业高管具有不同的作用。进一步的研究表明,除美国企业外,海外大学学位对发达国家和发展中国家企业高管收入都具有显著的正向影响。

在收入效应模型中加入学位背景变量后,模型的解释力度得以增强。在美国企业高管的样本回归中,模型不存在交互效应。在非美国企业高管的样本回归中,主效应变量不显著时,联合显著性检验表明交互效应存在。尽管在控制海外学位背景及其他因素时,一流大学学位对企业高管收入具有正向影响,但一流大学学位与海外大学学位并不能共同增加企业高管的收入。海外大学学位削弱了一流大学学位对企业高管收入的影响,二者在教育收益中非但不能产生叠加效果,还存在一定程度的抵消作用。简单斜率法验证,海外大学学位调节了普通大学学位对企业高管收入的影响,促进了普通大学学位对企业高管收入的增加。在学士和硕士层次,海外一流大学学位抑制了企业高管收入的增加,在博士层次,海外一流大学学位也不能促进企业高管收入的增加。

从人力资本的角度看,海外教育经历能为大多数国家的企业高管带来一定的教育收益。同时,拥有海外一流大学学位的企业高管能通过一流大学教育提升自身竞争力,在劳动力市场中实现能力认可。然而,一流大学学位和海外大学学位的共同作用没有产生超出预期的人力资本溢价。相反,海外大学学位却可以促进毕业于普通大学的企业高管收入增加,起到重要的调节作用。因此,在强调海外大学学位带给企业高管的优势时,我们不应忽视本土一流大学教育在人力资本积累中的重要作用,从而更大程度上实现教育收益。

第七章
行业视域下的一流大学效应

第一节　万家企业高管的行业分布特征

本研究中的 38 670 个高管样本分布于 11 个行业领域。从各行业领域的企业高管人数上看,工业行业的企业高管以 7 097 人位居首位,占全部高管样本人数 18.4%;金融行业和非必需消费品行业的企业高管同样人数较多,分别为 6 049 人和 6 042 人,分别占全部高管样本人数的 15.6%;在全部高管样本中,电信行业的企业高管人数最少,为 864 人,仅占 2.2%。从拥有一流大学学位的企业高管人数看,超过千人的行业有工业(3 040 人)、非必需消费品(2 763 人)、金融(2 645 人)、信息技术(1 729 人)、材料(1 398 人)、医疗保健(1 239 人)以及能源(1 096 人)。从拥有一流大学学位的企业高管人数占本行业企业高管总人数的比例上看,房地产行业最高,为 51.1%,公共事业行业最低,为 37.3%(见表 7-1)。

表 7-1　不同行业领域中的企业高管人数分布

行业分类	拥有普通大学学位企业高管人数	拥有一流大学学位企业高管人数	人数合计	拥有一流大学学位的企业高管人数占本行业企业高管总人数的比例
能源	1 625	1 096	2 721	40.3%
材料	2 127	1 398	3 525	39.7%
工业	4 057	3 040	7 097	42.8%
非必需消费品	3 279	2 763	6 042	45.7%
日常消费品	1 392	965	2 357	40.9%
医疗保健	1 281	1 239	2 520	49.2%

（续表）

行业分类	拥有普通大学学位企业高管人数	拥有一流大学学位企业高管人数	人数合计	拥有一流大学学位的企业高管人数占本行业企业高管总人数的比例
金融	3 404	2 645	6 049	43.7%
信息技术	1 829	1 729	3 558	48.6%
电信	489	375	864	43.4%
公共事业	1 414	841	2 255	37.3%
房地产	822	860	1 682	51.1%

作为拉动经济增长的支柱行业之一,房地产行业汇聚了大量一流人才。从统计结果看,企业高管的毕业院校背景折射出房地产行业旺盛的智力需求。相反,在涉及电力、燃气、水等公共产品的公共事业行业中,拥有一流大学学位的企业高管人员所占比例略低,这体现出一流人才受到劳动力市场制度性分割的实际影响。不过,就总体而言,拥有一流大学学位的企业高管人数占各行业企业高管总人数的比例差异不大,一流大学学位在不同行业企业高管群体中都具有较大影响。

第二节　不同行业企业高管的收入差异

一、学位层次差异

不同行业的企业高管存在个人收入上的差异,首先体现在学位层次之中。以能源行业为例,最高学位为学士的企业高管平均年收入为111.40万美元,最高学位为硕士的企业高管平均年收入为116.14万美元,最高学位为博士的企业高管平均年收入为92.21万美元。可见,在这一行业中,最高学位为硕士的企业高管拥有薪酬收入上的优势。从表7-2不难看到,在非必需消费品行业以外的其他行业中,最高学位为硕士的企业高管比最高学位为学士和最高学位为博士的企业高管收入更高。而在非必需消费品行业,最高学位为学士的企业高管平均年收入为127.13万美元,略高于最高学位为硕士的企业高管。再看最高学位为博士的企业高管,除医疗保健行业外,这一群体的平均年收入均低于最高学位为硕士和学士的企业高管。在医疗保健行业,最高学位为博士的企业高管平均年收入略高于最高学位为学士的企业高管,但仍低于最高学位为硕士的企业高管。博士学位未能带给行业企业高管更高的薪酬收入,这与第四章的统计结论相一致。

表 7-2　不同行业企业高管在不同学位层次中的平均年收入

(单位:万美元)

行　　业	学士学位	硕士学位	博士学位
能源	111.40	116.14	92.21
材料	86.13	89.30	73.62
工业	87.57	97.98	73.34
非必需消费品	127.13	122.80	102.66
日常消费品	125.59	125.61	89.14
医疗保健	176.50	191.55	177.92
金融	108.60	130.81	84.57
信息技术	171.39	177.93	139.62
电信	78.26	111.57	66.82
公共事业	81.79	87.47	64.88
房地产	101.39	106.25	95.50

通过对不同行业的收入标准差进行计算,研究发现,拥有学士学位的企业高管在不同行业中的收入标准差为 33.90,拥有硕士学位的企业高管在不同行业中的收入标准差为 33.56,拥有博士学位的企业高管在不同行业中的收入标准差为 34.18,三组结果相差不大。

从不同行业企业高管在各学位层次中的收入标准差看,电信行业企业高管在各学位层次中的收入差别最大(23.25),其次是金融行业(23.13),接下来依次为日常消费品行业(21.05)、信息技术行业(20.49)、非必需消费品行业(13.06)、能源行业(12.67)、工业行业(12.37)、公共事业行业(11.75)、医疗保健行业(8.31)、材料行业(8.29)以及房地产行业(5.38)。

二、学科背景差异

在不同行业中,具有不同学科背景的企业高管收入差异较大。如表 7-3 所示,在能源行业中,具有农学、理学和商科背景的企业高管平均年收入较高,而具有医学、工学和文科背景的企业高管平均年收入较低;在材料行业和工业行业中,具有医学背景的企业高管平均年收入远低于具有其他学科背景的企业高管;在非必需消费品行业,具有理学、文科、商科和法学背景的企业高管平均年收入较高,具有农学和医学背景的企业高管平均年收入较低;在日常消费品行业,具有理学和商科背景的企业高管平均年收入较高,具有医学和工学背景的企业高管平均年收入较低。在医疗保健行业,具有医学背景的企业高管平均年收入最高,体现出较强的学科"对应性";同样的情况也在金融行业显现,具有商科背景的企业高管平均年收入最高;在信息技术行业和电信行业,具有工学背景的企业高管平均年收入最高,这与其他行业具有工学背景的企业高管平均年收入较低形成鲜明对照;在公共事业行业,具有理学背景的企业高管平均年收入最高,为数不多的几位具有农学和医学背景的企业高管年收入较低;在房地产行业,极少数具有农学背景的企业高管平均年收入较高,但由于样本量较小,这一结果并不具有代表性,具有不同学科背景的企业高管在房地产行业的平均年收入相差不大。由此看来,医疗保健、金融、信息技术和电信四个行业与企业高管的学科背景密切相关。在这些行业中,具有医学、商科、工学等相关学科背景的企业高管的薪酬收入相对较高。

表 7-3　不同行业企业高管在不同学科背景中的平均年收入

（单位：万美元）

行　业	文科	商科	法学	理学	工学	农学	医学
能源	76.37	128.59	103.97	130.43	66.68	148.45	19.89
材料	69.37	98.84	83.20	111.95	72.99	96.42	41.03
工业	88.80	112.29	89.49	100.39	79.92	127.55	25.17
非必需消费品	134.62	131.49	131.44	142.71	97.63	19.28	13.41
日常消费品	120.41	133.40	101.06	136.89	47.96	89.71	31.91
医疗保健	176.83	207.50	184.60	204.24	97.69	218.65	230.86
金融	147.65	158.39	130.35	115.94	83.03	62.56	31.93
信息技术	154.78	179.10	168.10	193.15	224.87	14.01	27.13
电信	59.98	127.03	51.93	144.44	155.61	15.45	11.61
公共事业	68.41	90.62	87.97	101.97	42.74	6.98	15.34
房地产	102.04	114.01	111.05	133.82	133.79	280.03	110.51

通过对不同行业的收入标准差进行计算,研究发现具有农学背景的企业高管在不同行业中的收入差别最大(89.88),而具有理学背景的企业高管在不同行业中的收入差别最小(33.83)。若对企业高管在不同学科背景中的平均年收入进行相似性分析,基于以上 11 个行业,应用多维尺度量表(MDS)绘制关系图(详见图 7-1),研究发现:文科、商科和法学的距离较为接近,学科相似性较高,说明具有这些学科背景的企业高管具有较为相似的行业薪酬收入;理学和工学虽然在一个象限当中,但距离相对较远,说明尽管理学和工学存在一定的学科相似性,但这两种学科背景却带给企业高管差异较大的行业薪酬收入;对于农学和医学这两个较为特殊又专业化很强的学科来说,与其他学科相比,企业高管的行业薪酬收入差异极大。总体而言,学科背景差异在很大程度上影响到企业高管的行业薪酬收入,而专业性较强的学科可能需要更好地与行业匹配,才能为企业高管带来更高的教育收益。

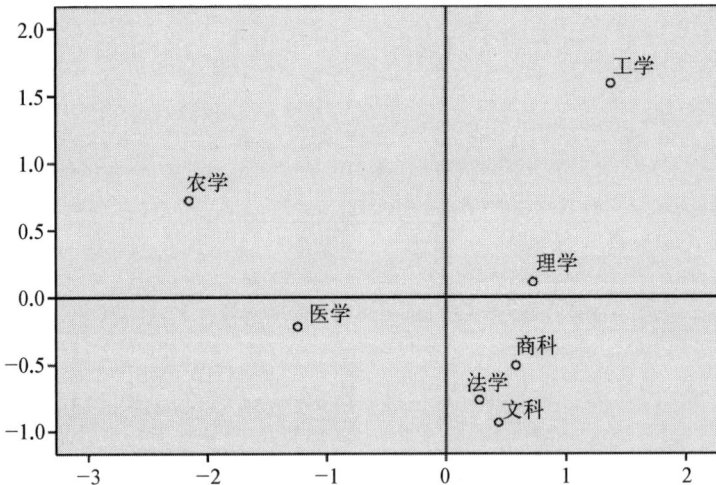

图 7-1   企业高管的行业薪酬收入在不同学科背景中的相似性与差异性

三、毕业院校差异

在全部 11 个行业中,医疗保健行业企业高管的平均年收入最高,为 179.34 万美元,而公共事业行业企业高管的平均年收入最低,为 75.23 万美元。在不同行业中,拥有一流大学学位的企业高管具有薪酬收入上的优势。通过对各行业拥有一流大学学位企业高管的平均年收入与本行业全部企业高管的平均年收入进行比较,可以得到收入溢价比率[(拥有一流大学学位企业高管的平均年收入-本行业全部企业高管的平均年收入)/本行业全部企业高管的平均年收入×100%]。可以看到,溢价比率最高的为金融行业,达到30.2%,溢价比率最低的为房地产行业,仅为2.8%。这一结果说明,拥有一流大学学位的金融行业企业高管获得了较高的收入回报;而与拥有普通大学学位的房地产行业企业高管相比,拥有一流大学学位的房地产行业企业高管在收入方面的优势相对微弱(见表7-4)。

表7-4 拥有一流大学学位的企业高管在不同行业中的平均年收入

(单位:万美元)

行　业	本行业全部企业高管的平均年收入	拥有一流大学学位企业高管的平均年收入	拥有一流大学学位的企业高管收入溢价比率
能源	108.45	118.37	9.2%
材料	82.45	95.94	16.4%
工业	86.03	96.43	12.1%
非必需消费品	117.06	139.26	19.0%
日常消费品	112.80	133.05	18.0%
医疗保健	179.34	216.97	21.0%
金融	108.37	141.06	30.2%
信息技术	164.66	170.79	3.8%
电信	88.38	97.02	10.0%
公共事业	75.23	83.31	10.8%
房地产	100.30	103.08	2.8%

本章还以毕业院校为单位,对企业高管的平均年收入进行统计,得到各行业平均年收入最高的企业高管毕业院校,如表7-5所示。不难看出,除加州大学戴维斯分校属于进入排名前100位的一流大学,其他平均年收入最高的企业高管毕业院校均为普通大学。从平均年收入的具体数值看,毕业于美国长岛大学的企业高管在日常消费品行业获得了最高的平均年收入。除美国高校外,德国的维尔茨堡大学和印度的旁遮普大学分别在材料行业和医疗保健行业获得了薪酬收入上的优势地位。从这里看到,各行业中最具薪酬竞争力的大学并非都是那些享誉全球的一流大学,一些名不见经传的大学排在了收入榜单的前列。但不可否认的是,在高管劳动力市场,一流大学毕业生还是能够获得薪酬收入上的总体优势。企业高管

毕业院校的平均年收入只能从一个侧面反映出部分高校在特定行业的竞争力。另外,由于毕业于部分大学的企业高管人数本来就很少,这种计算平均年收入的方法常常会在单独年份得到颇具偶然性的统计结果,因此这一结论仅供参考。

表7-5   不同行业中平均年收入最高的企业高管毕业院校

(单位:万美元)

行　业	平均年收入最高毕业院校	国家	是否为一流大学	高管平均年收入
能源	加州大学-戴维斯	美国	是	2 203.59
材料	维尔茨堡大学	德国	否	1 748.62
工业	新罕布什尔大学-达勒姆	美国	否	1 737.56
非必需消费品	圣文德大学	美国	否	1 946.37
日常消费品	长岛大学	美国	否	4 254.17
医疗保健	旁遮普大学	印度	否	1 990.17
金融	克莱蒙特研究大学	美国	否	1 421.23
信息技术	鲍尔州立大学	美国	否	2 577.92
电信	本特利大学	美国	否	2 696.50
公共事业	威斯康星大学-密尔沃基	美国	否	1 382.68
房地产	斯蒂文斯理工学院	美国	否	2 622.59

第三节   不同行业企业高管的教育收益

一、行业收入效应

本章使用明瑟收入方程的扩展模型对不同行业企业高管的教育收益进行测量。与之前不同的是,方程(7.1)中的控制变量 X_i 不再包含行业变量,而是针对每个行业进行教育收益的估计,具体方程如下:

$$\ln W = \alpha + \beta_1 \times S + \beta_2 \times E + \beta_3 \times E^2 + \varphi \times R + \Sigma \eta_i \times X_i + \varepsilon \qquad (7.1)$$

在这一方程中,核心观测变量为 R,该变量为二分变量,主要反映企业高管的毕业院校质量,并通过回归系数 φ 测算毕业院校质量产生的收入效应。若 φ 显著,表明在特定行业中,企业高管的毕业院校质量对其收入存在影响。若 φ 显著为正,则说明一流大学学位对这一行业企业高管的个人收入具有积极的促进作用。

由表7-6和表7-7可以看到,在不同行业中,受教育年限对企业高管收入的影响并不相同。在工业和公共事业行业,受教育年限对企业高管收入具有显著的正向影响,特别是在公共事业行业,每多增加1年大学教育,企业高管收入将增加8.1%,这说明在具有公共属性和竞争相对较低的市场环境中,高等教育或大学文凭能够带给企业高管更高的个人回报;在能源、金融和房地产行业,受教育年限对企业高管收入则具有显著的负向影响,这说明在资金集聚和高度竞争的市场环境中,教育年限的延长会带来极高的机会成本,从而影响高能力个体的收入回报;在其他行业中,受教育年限对企业高管收入的影响并不显著。从这里可以看出,对企业高管而言,"高学历"并非总是能够带来"高收益",而是要根据所处的行业特征进行进一步判断。

表7-6　不同行业企业高管的教育收益(一)

行　业	能源	材料	工业	非必需消费品	日常消费品
受教育年限	−0.084***	−0.008	0.019*	0.006	0.020
	(0.016)	(0.013)	(0.010)	(0.012)	(0.018)
工作年限	0.011	0.059***	0.032***	0.045***	0.045**
	(0.017)	(0.016)	(0.012)	(0.012)	(0.021)
工作年限的平方×10⁻²	−0.079***	−0.127***	−0.097***	−0.105***	−0.119***
	(0.023)	(0.023)	(0.017)	(0.018)	(0.029)
企业营业收入	−0.276***	0.075	0.391***	−0.197***	−0.014
	(0.038)	(0.056)	(0.038)	(0.045)	(0.063)
企业总资产	0.128**	0.018	−0.408***	−0.020	−0.030
	(0.052)	(0.046)	(0.031)	(0.035)	(0.060)
企业净利润	0.247***	0.187***	0.300***	0.513***	0.435***
	(0.052)	(0.035)	(0.029)	(0.040)	(0.061)
一流大学学位	0.191***	0.208***	0.237***	0.217***	0.258***
	(0.037)	(0.033)	(0.023)	(0.026)	(0.042)
截距项	13.72***	9.523***	9.685***	9.721***	8.398***
	(0.444)	(0.404)	(0.301)	(0.312)	(0.502)
观测数	2 721	3 469	7 097	6 042	2 357
R^2	0.102	0.091	0.118	0.105	0.157

注:(1)模型F值在1%水平显著;(2)***、**、*分别表示1%、5%、10%的显著性水平;(3)括号内为异方差稳健标准误;(4)因控制变量有部分缺失值,模型中材料行业企业高管样本数少于实际样本数。

表 7-7 不同行业企业高管的教育收益(二)

行 业	医疗保健	金融	信息技术	电信	公共事业	房地产
受教育年限	−0.011	−0.021**	−0.002	−0.028	0.081***	−0.066***
	(0.014)	(0.010)	(0.014)	(0.029)	(0.017)	(0.020)
工作年限	0.029	0.022	−0.001	0.033	0.163***	−0.015
	(0.023)	(0.014)	(0.017)	(0.039)	(0.022)	(0.017)
工作年限的平方× 10^{-2}	−0.107***	−0.085***	−0.067***	−0.101*	−0.280***	−0.041*
	(0.033)	(0.020)	(0.023)	(0.054)	(0.030)	(0.024)
企业营业收入	−0.035	0.049	−0.282***	−0.652***	0.004	−0.727***
	(0.056)	(0.030)	(0.049)	(0.207)	(0.066)	(0.087)
企业总资产	0.319***	−0.327***	−0.283***	0.414***	0.156**	−0.228***
	(0.065)	(0.022)	(0.058)	(0.143)	(0.072)	(0.060)
企业净利润	−0.014	0.435***	0.787***	0.405**	0.067	1.213***
	(0.070)	(0.036)	(0.051)	(0.185)	(0.062)	(0.095)
一流大学学位	0.184***	0.358***	0.110***	0.185***	0.279***	0.044
	(0.039)	(0.026)	(0.032)	(0.068)	(0.043)	(0.051)
截距项	10.73***	12.03***	12.67***	10.78***	6.021***	13.97***
	(0.504)	(0.332)	(0.433)	(0.896)	(0.524)	(0.627)
观测数	2 520	6 049	3 558	864	2 255	1 682
R^2	0.123	0.114	0.160	0.089	0.127	0.136

注:(1) 模型 F 值在 1%水平显著;(2) ***、**、*分别表示 1%、5%、10%的显著性水平;(3) 括号内为异方差稳健标准误。

其次,从工作经验的重要程度看,在材料、工业、非必需消费品、日常消费品和公共事业五个行业中,工作年限对企业高管收入具有显著的正向影响,其中在公共事业行业,每多增加 1 年工作时间,收入将增加 16.3%。看来在公共事业行业中,明瑟收入函数的两大变量——受教育年限和工作年限在企业高管教育收益中的作用较为明显。在材料、工业、非必需消费品和日常消费品行业,每多增加 1 年工作时间,企业高管的个人收入将分别增加 5.9%、3.2%、4.5%和 4.5%。在其他行业中,工作年限的影响并不显著。

再次,从毕业院校质量上看,除房地产行业外的其余十个行业,一流大学学位可以显著促进企业高管收入的增加。在金融行业,一流大学的收入效应最强,达到 43.0%,而在信息技术行业,一流大学的收入效应最弱,为 11.6%。另一方面,相比于受教育年限和工作年限,除房地产行业外,毕业院校质量对不同行业企业高管的收入影响均显著为正。由此可知,不同行业企业高管的教育收益中存在一流大学效应,其效应大小存在行业差异(如图 7 - 2 所示)。

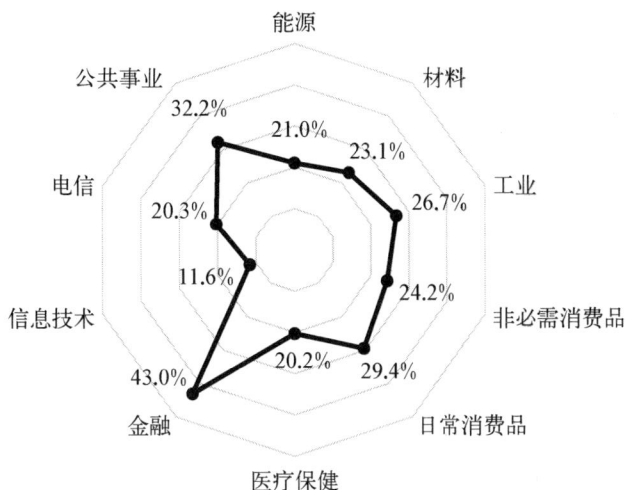

能源 21.0%
公共事业 32.2%
材料 23.1%
电信 20.3%
工业 26.7%
信息技术 11.6%
非必需消费品 24.2%
金融 43.0%
医疗保健 20.2%
日常消费品 29.4%

图 7 - 2　不同行业企业高管教育收益中的一流大学效应

二、学科背景影响

在不同行业中,不同学科背景对企业高管收入也具有不同程度的影响。按照第五章学科背景收入效应模型的估计方法,本章拆分行业企业高管样本,分别对不同行业企业高管的教育收益进行估计,具体方程如下:

$$\ln W = \alpha + \beta_1 \times S + \beta_2 \times E + \beta_3 \times E^2 + \delta D + \Sigma \eta_i \times X_i + \varepsilon \tag{7.2}$$

在这一方程中,代表学科背景的 D 是本章重点观测的变量,δ 是其回归系数,若符号为正,表示与没有这一学科背景的企业高管相比,该学科背景对企业高管收入增加具有显著的促进作用;若符号为负,表示与没有这一学科背景的企业高管相比,该学科背景对企业高管收入增加具有一定的抑制作用。在具体操作上,首先,根据企业高管所属学科对 D 进行取值,考察在不同行业中学科背景对企业高管收入的影响;其次,选取拥有一流大学学科背景的企业高管样本,重新对 D 取值,考察在不同行业中,一流大学的学科背景对企业高管收入的影响。

从表 7 - 8 可以看到,在能源行业中,商科、法学和理学背景对企业高管收入具有显著的正向影响,其中法学影响最大;工学和医学背景对企业高管收入具有显著的负向影响；文科和农学背景对企业高管收入的影响并不显著。材料行业和工业行业的情况较为相似：文科、商科、法学和理学背景对企业高管收入均具有显著的正向影响，工学、农学和医学背景对企业高管收入的影响并不显著；不同的是，理学背景对材料行业企业高管收入增加的促进作用最大，而商科背景对工业行业企业高管收入增加的促进作用最大。在非必需消费品和日常消费品两大行业，文科、商科、法学和理学背景对企业高管收入均具有显著的正向影响，其中理学背景对企业高管收入增加的促进作用最大；农学背景对非必需消费品行业企业高管收入具有显著的负向影响，而对日常消费品行业企业高管收入具有显著的正向影响；医学背景对非必需消费品行业企业高管收入具有显著的负向影响，而对日常消费品行业企业高管收入的影响并不显著。

表 7-8　不同学科背景对不同行业企业高管收入的影响（一）

行　业	能　源	材　料	工　业	非必需消费品	日常消费品
文科背景	−0.067	0.219***	0.277***	0.391***	0.300***
	(0.074)	(0.063)	(0.046)	(0.049)	(0.081)
商科背景	0.269***	0.284***	0.486***	0.355***	0.390***
	(0.064)	(0.056)	(0.039)	(0.045)	(0.073)
法学背景	0.414***	0.409***	0.295***	0.245***	0.360***
	(0.095)	(0.086)	(0.063)	(0.075)	(0.114)
理学背景	0.381***	0.526***	0.450***	0.462***	0.446***
	(0.065)	(0.059)	(0.042)	(0.052)	(0.085)
工学背景	−0.834***	−0.199	0.139	−0.181	−0.291
	(0.194)	(0.145)	(0.118)	(0.194)	(0.263)
农学背景	0.391	0.161	0.074	−0.476**	0.632*
	(0.486)	(0.231)	(0.368)	(0.205)	(0.377)
医学背景	−0.633**	−0.750	−0.541	−0.831***	−0.409
	(0.279)	(0.655)	(0.348)	(0.251)	(0.252)
截距项	13.90***	9.768***	10.01***	10.22***	8.719***
	(0.448)	(0.402)	(0.300)	(0.318)	(0.514)
观测数	2 721	3 469	7 097	6 042	2 357
R^2	0.123	0.112	0.139	0.121	0.169

注：(1) 模型 F 值在 1% 水平显著；(2) ***、**、* 分别表示 1%、5%、10% 的显著性水平；(3) 括号内为异方差稳健标准误；(4) 因控制变量有部分缺失值，模型中材料行业企业高管样本数少于实际样本数；(5) 因学科较多，篇幅过长，故未列入其他控制变量的回归结果。

从表 7-9 可以看到,文科、商科、法学和理学背景对企业高管收入具有显著的正向影响。具体来说,在医疗保健、信息技术、电信和公共事业四个行业,理学背景对企业高管收入增加的促进作用最大;在金融行业,商科背景对企业高管收入增加的促进作用最大;在房地产行业,排除农学高管样本数量较少的情况,法学背景对企业高管收入增加的促进作用最大。工学、农学和医学背景仅在少数几个行业对企业高管收入存在影响,在金融行业,工学背景对企业高管收入具有显著的负向影响;在信息技术行业,医学背景对企业高管收入具有显著的负向影响;在电信行业和房地产行业,农学背景对企业高管收入具有显著的正向影响;在公共事业行业,农学背景对企业高管收入具有显著的负向影响。

表 7-9　不同学科背景对不同行业企业高管收入的影响(二)

行　业	医疗保健	金融	信息技术	电信	公共事业	房地产
文科背景	0.209***	0.387***	0.113*	0.252**	0.261***	0.208**
	(0.071)	(0.048)	(0.063)	(0.126)	(0.083)	(0.094)
商科背景	0.239***	0.509***	0.175***	0.379***	0.620***	0.200**
	(0.065)	(0.046)	(0.053)	(0.130)	(0.074)	(0.082)
法学背景	0.295***	0.328***	0.238**	0.280*	0.528***	0.500***
	(0.107)	(0.068)	(0.095)	(0.154)	(0.103)	(0.123)
理学背景	0.350***	0.398***	0.480***	0.506***	0.679***	0.471***
	(0.069)	(0.054)	(0.058)	(0.146)	(0.080)	(0.093)
工学背景	−0.297	−0.522***	0.081	0.195	−0.066	−0.059
	(0.278)	(0.173)	(0.144)	(0.399)	(0.192)	(0.230)
农学背景	0.038	−0.689	−0.597	0.356*	−1.113***	2.309***
	(0.432)	(0.419)	(0.449)	(0.204)	(0.416)	(0.139)
医学背景	0.102	−0.097	−0.590***	−0.222	−0.535	0.673
	(0.141)	(0.271)	(0.220)	(0.681)	(0.417)	(1.195)
截距项	10.88***	12.24***	12.93***	10.93***	6.693***	14.11***
	(0.511)	(0.331)	(0.430)	(0.882)	(0.520)	(0.614)
观测数	2 520	6 049	3 558	864	2 255	1 682
R^2	0.131	0.122	0.175	0.104	0.168	0.158

注:(1) 模型 F 值在 1% 水平显著;(2) ***、**、*分别表示 1%、5%、10%的显著性水平;(3) 括号内为异方差稳健标准误;(4) 因学科较多,篇幅过长,故未列入其他控制变量的回归结果。

　　总体来看,不同学科背景对不同行业企业高管收入的影响存在差异。这种差异既体现在影响方向上,又反映在影响程度上。

　　对于拥有一流大学学位的企业高管而言,不同学科背景同样对不同行业企业高管收入的影响不同。在能源行业,一流大学的商科背景和法学背景能够促进企业高管收入的增加;在材料行业,一流大学商科、法学和理学背景能够促进企业高管收入的增加;在工业行业,一流大学的商科、理学和农学背景能够促进企业高管收入的增加,其中商科和农学的收入效应较大;在非必需消费品和日常消费品行业,一流大学的商科背景和法学背景能够促进企业高管收入的增加(见表7-10)。

表7-10　不同学科背景对不同行业拥有一流大学
学位的企业高管收入的影响(一)

行　业	能　源	材　料	工　业	非必需消费品	日常消费品
文科背景	−0.314***	−0.082	0.068	0.084	−0.039
	(0.102)	(0.0878)	(0.0620)	(0.0656)	(0.109)
商科背景	0.255***	0.153*	0.329***	0.228***	0.300***
	(0.092)	(0.082)	(0.053)	(0.061)	(0.104)
法学背景	0.273*	0.225*	0.139	0.182*	0.276*
	(0.144)	(0.122)	(0.084)	(0.099)	(0.163)
理学背景	0.037	0.173**	0.128**	0.107	0.001
	(0.101)	(0.086)	(0.060)	(0.072)	(0.124)
工学背景	−1.541***	−0.164	0.172	0.216	−0.636**
	(0.279)	(0.208)	(0.180)	(0.305)	(0.303)
农学背景	0.039	0.001	0.862**	−0.359**	0.237
	(0.159)	(0.317)	(0.372)	(0.154)	(0.694)
医学背景	−0.400***	−0.189	−0.713**	−0.819***	−0.211
	(0.153)	(1.136)	(0.349)	(0.289)	(0.308)
截距项	14.24***	12.24***	12.58***	11.89***	11.97***
	(0.668)	(0.608)	(0.437)	(0.441)	(0.841)
观测数	1 096	1 398	3 040	2 763	965
R^2	0.143	0.128	0.122	0.112	0.139

　　注:(1) 模型F值在1%水平显著;(2) ***、**、*分别表示1%、5%、10%的显著性水平;(3) 括号内为异方差稳健标准误;(4) 因学科较多,篇幅过长,故未列入其他控制变量的回归结果。

　　在医疗保健行业,一流大学的法学背景对企业高管收入增加具有显著的促进作用,收入效应较大,为43.6%;在金融行业,一流大学的文科、商科、法学和理学背景均能促进企业高管收入的增加;在电信行业,一流大学的农学背景促进企业高管收入的增加;在信息技术、公共事业和房地产行业,一流大学的商科、法学和理学背景对企业高管收入具有显著的促进作用,其中在公共事业行业,商科的收入效应为48.4%,法学的收入效应为63.9%(见表7-11)。由此可知,一流大学的不同学科背景对不同行业企业高管的收入效应存在不同影响。商科、法学、理学背景大多对企业高管收入具有显著的正向影响,而一流大学的商科和法学背景能够促进多个行业企业高管收入的增加。

表7-11 不同学科背景对不同行业拥有一流大学
学位的企业高管收入的影响(二)

行 业	医疗保健	金融	信息技术	电信	公共事业	房地产
文科背景	−0.132 (0.095)	0.223*** (0.067)	−0.155* (0.081)	0.029 (0.177)	0.132 (0.106)	0.152 (0.120)
商科背景	−0.006 (0.089)	0.304*** (0.064)	0.067 (0.073)	0.256 (0.189)	0.395*** (0.103)	0.162 (0.111)
法学背景	0.362*** (0.132)	0.307*** (0.093)	0.251** (0.121)	0.110 (0.243)	0.494*** (0.142)	0.363** (0.161)
理学背景	0.052 (0.098)	0.150* (0.077)	0.280*** (0.081)	0.325 (0.226)	0.225* (0.115)	0.258** (0.123)
工学背景	−0.205 (0.302)	−0.419 (0.324)	−0.291 (0.228)	0.431 (0.489)	−0.441 (0.310)	−0.111 (0.334)
农学背景	0.477 (0.631)	−0.229 (0.739)	无有效样本	0.691** (0.273)	−1.661*** (0.198)	无有效样本
医学背景	0.208 (0.173)	0.090 (0.383)	−0.819*** (0.158)	−0.565 (0.710)	−0.654 (0.723)	0.870 (1.233)
截距项	12.64*** (0.632)	15.06*** (0.462)	14.88*** (0.567)	13.07*** (1.225)	11.62*** (0.911)	15.58*** (0.833)
观测数	1 239	2 645	1 729	375	841	860
R^2	0.136	0.106	0.164	0.119	0.185	0.168

注:(1) 模型F值在1%水平显著;(2) ***、**、*分别表示1%、5%、10%的显著性水平;(3) 括号内为异方差稳健标准误差;(4) 因学科较多,篇幅过长,故未列入其他控制变量的回归结果。

在世界经济和高等教育快速发展的时代,一流大学具有培养一流人才的重要使命。一流大学的人才培养不但服务于国家战略发展需要,促进人力资本数量的增加和质量的提升,而且可以推动行业的变革与创新,产生可观的社会经济收益,实现高等教育的经济价值。作为商界一流人才的代表,一流大学培养出的企业高管能够在激烈的市场竞争中展现个人能力,引领所在企业乃至整个行业的未来发展。因此,行业企业高管的"一流大学效应"揭示出一流大学在人才培养方面的市场竞争力,对企业高管的选拔、晋升或任命具有一定的参考价值,对行业发展具有重要的实践意义。

本章小结

从本研究的高管样本人数分布来看,工业、金融和非必需消费品行业的企业高管人数相对较多,所占比例较高,而房地产行业企业高管人数相对较少。从拥有一流大学学位的企业高管人数占本行业企业高管总人数的比例上看,房地产行业最高,为 51.1%,公共事业行业最低,为 37.3%。

不同行业企业高管在学位层次、学科背景和毕业院校方面存在差异。从学位层次来看,除非必需消费品行业外,最高学位为硕士的企业高管平均年收入较高;除医疗保健行业外,最高学位为博士的企业高管平均年收入低于最高学位为硕士和学士的企业高管。在不同行业中,三个学位层次的企业高管平均年收入差异不大。电信行业企业高管的平均年收入在不同行业中差异最大,房地产行业企业高管的平均年收入在不同行业中差异最小。从学科背景来看,不同行业企业高管的平均年收入差异较大。医疗保健行业中具有医学背景的企业高管平均年收入最高,而金融行业中具有商科背景的企业高管平均年收入最高,在信息技术和电信行业中具有工学背景的企业高管平均年收入最高,这无不体现出行业与学科之间的较强"对应性"。同时,具有农学背景的企业高管在不同行业中的收入差别较大,具有理学背景的企业高管在不同行业中的收入差别较小。总体而言,具有文科、商科和法学背景的企业高管在不同行业薪酬收入中的相似性较高。从毕业院校来看,一流大学学位为金融行业企业高管带来了最高的收入溢价。与毕业于普通大学的企业高管相比,毕业于一流大学的企业高管在房地产行业收入溢价最低。仅针对特定行业而言,在平均年收入最高的企业高管毕业院校中,多数大学均为普通大学而非一流大学。

基于明瑟收入方程测算的企业高管教育收益显示,受教育年限、工作年限和毕业院校质量对企业高管收入的影响并不相同。在公共事业行业,受教育年限和工作年限对企业高管收入的促进作用最大,而在能源、金融和房地产行业,受教育年限对企业高管具有显著的负向影响。除房地产行业外,一流大学学位对企业高管收入增加具有显著的促进作用,一流大学的收入效应在金融行业最大。另外,对不同行业的企业高管而言,不同学科背景在收入效应中的作用差异明显。商科、法学、理学背景大多对企业高管收入具有显著的正向影响,而一流大学的商科和法学背景能够促进多个行业企业高管收入的增加。

第八章
时代视域下的一流大学效应

第一节　万家企业高管的出生年代特征

出生年代信息与企业高管的教育背景具有密切关联。一方面,企业高管在接受教育的不同年代存在学位层次、学科背景、毕业院校等方面的过往差异,另一方面,差异化的教育背景也刻画出企业高管个人发展的时代印记。在进入高管劳动力市场的 38 670 个研究样本中,共有 37 738 人具有出生年代信息:20 世纪 40 年代(1940—1949 年)出生的企业高管为 8 241 人,占 21.8%;50 年代(1950—1959 年)出生的企业高管为 14 781 人,占 39.2%;60 年代(1960—1969年)出生的企业高管为 11 705 人,占 31.0%;70 年代(1970—1979 年)出生的企业高管为 2 782 人,占 7.4%;80 年代以后(含 1980 年)出生的企业高管为 229人,仅占 0.6%。这一结果说明,目前,出生于 20 世纪 50、60 年代,年龄大约在45 岁到 65 岁的企业高管人数最多,正值当打之年[①]。图 8-1 描绘了不同出生年代企业高管的频次分布情况。

在不同学位层次中,出生年代不同的企业高管在最高学位方面存在差异。出生于 20 世纪 40 年代的企业高管中,拥有博士学位的人员比例最高,为 21.1%。80 年代以后出生的企业高管大多拥有学士学位却较少拥有博士学位,其博士人员所占比例仅为 3.5%。可以看到,随着时代的推移,拥有博士学位的企业高管占本年代组企业高管总人数的比例逐渐降低。不过,在硕士层次,除 80 年代及以后组企业高管人员所占比例偏低外(31.0%),其他各组企业高管中最高学位

---

① 本章取样时间为 2016 年,因而高管年龄按照 2016 减去出生年(数字)进行推算,下同。

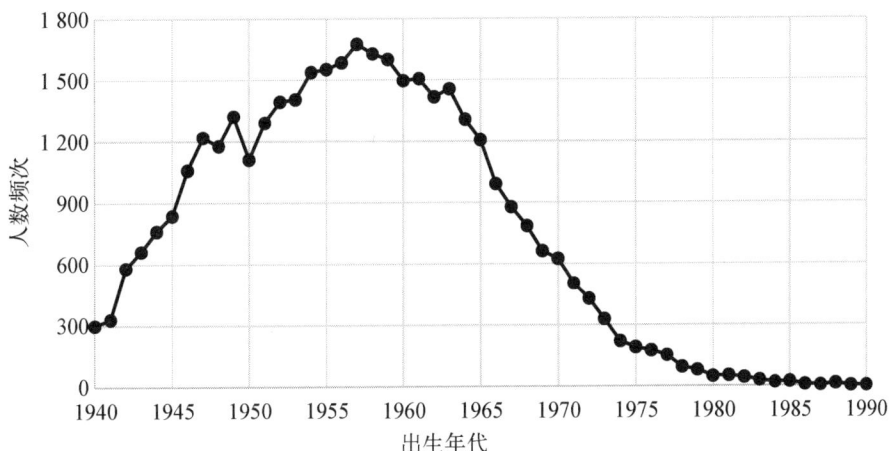

图 8-1 不同出生年代企业高管的人数频次分布

为硕士的企业高管人员所占比例相差不大（见图 8-2）。40 年代出生的企业高管年龄偏大，针对其学位层次的统计受到企业性质和退休制度的影响，因而不应纳入讨论范畴；80 年代以后出生的企业高管年龄偏小，若为高管则至少具备一定工作年限而受教育时间较短，因而其学位层次偏低实属正常。排除这两个年代组的特殊影响，研究发现，最高学位为硕士的企业高管在不同年代组中的人员比例差异不大。从 50 年代到 70 年代，最高学位为博士的企业高管在不同年代组中的人员比例呈现由高到低依次递减的规律性特征。从博士毕业到成为企业

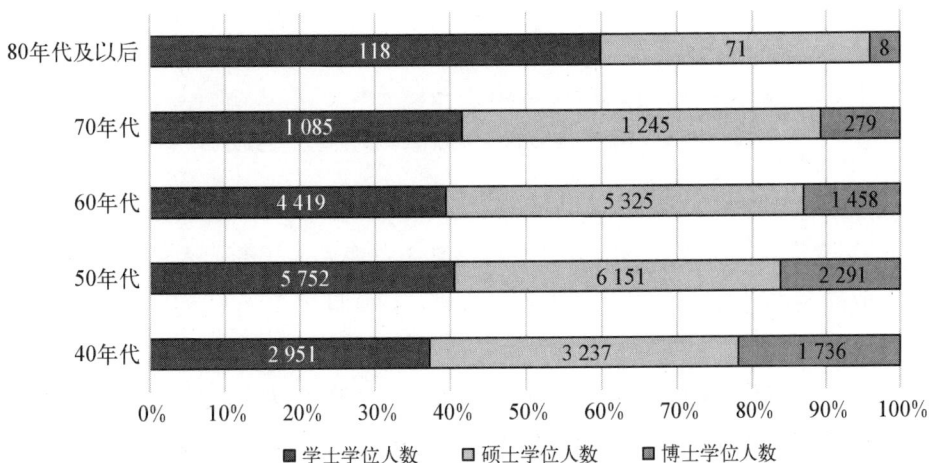

图 8-2 不同出生年代企业高管的学位层次分布

高管,人才成长的过程历经时间洗礼。可以预见,在全球万家企业中,一些年轻的博士人才或将在未来步入高管行列。

在学科背景方面,具有商科背景且出生于 20 世纪 50 年代的企业高管人数较多,超过 5 000 人,同时占 50 年代组企业高管总人数的 35.1%;到 60 年代,具有商科背景的企业高管人数为 4 248 人,人员比例进一步升至 39.6%;在 70 年代组的企业高管中,具有商科背景的人员所占比例较高,超过四成。由此可见,商科教育在培养企业高管人才过程中始终扮演着重要角色。随着时代的推移,具有法学背景的企业高管人员所占比例逐渐降低,从 40 年代组的 11.7% 降至 80 年代及以后组的 6.5%(见图 8-3)。这可能与企业在经营规模扩大后,聘请职业法务人士的发展战略存有一定关联。

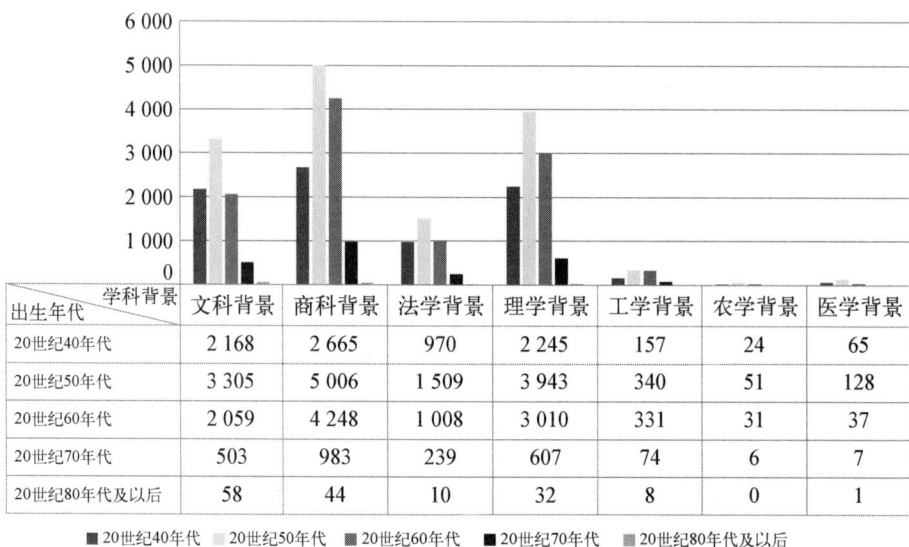

出生年代 ＼ 学科背景	文科背景	商科背景	法学背景	理学背景	工学背景	农学背景	医学背景
20世纪40年代	2 168	2 665	970	2 245	157	24	65
20世纪50年代	3 305	5 006	1 509	3 943	340	51	128
20世纪60年代	2 059	4 248	1 008	3 010	331	31	37
20世纪70年代	503	983	239	607	74	6	7
20世纪80年代及以后	58	44	10	32	8	0	1

■20世纪40年代　▨20世纪50年代　▨20世纪60年代　■20世纪70年代　▨20世纪80年代及以后

图 8-3　不同出生年代企业高管学科背景及人数分布

伴随着经济全球化的浪潮,高等教育国际化日益加深。在教育和求职过程中,高层次人才的国别迁移现象已然成为常态。海外人才的涌入正在悄然改变着企业的人才结构。从图 8-4 中不难看出,自 20 世纪 40 年代到 80 年代,企业高管中拥有海外大学学位的人员比例在逐步提高。与其他年代组的企业高管相比,1980 年以后出生的企业高管中,拥有海外大学学位的人员所占比例达到 32.3%,超过其他年代组中拥有海外大学学位的高管人员所占比例。

最后,在毕业院校方面,出生于 20 世纪 40 年代的企业高管中,共有 3 910

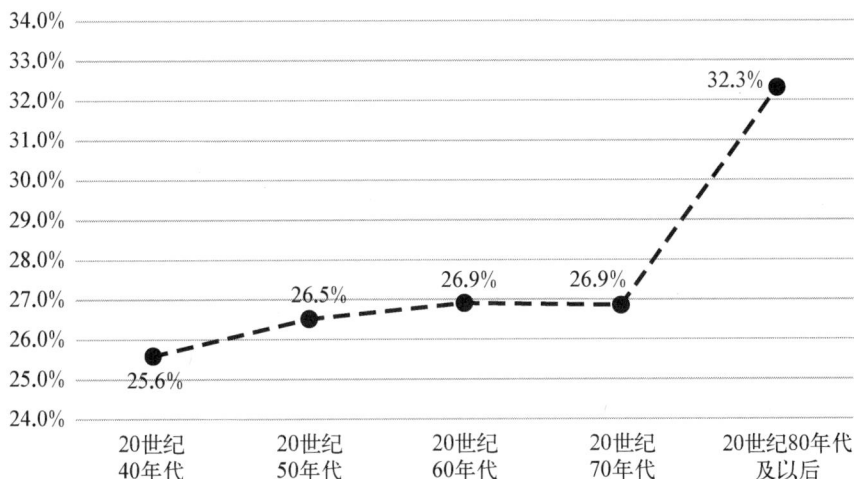

图 8-4 拥有海外大学学位的企业高管人数在不同年代组企业高管总人数中的比例

人拥有一流大学学位，占 40 年代组企业高管总人数的 47.4％；出生于 50 年代的企业高管中，共有 6 393 人拥有一流大学学位，占 50 年代组企业高管总人数的 43.3％；出生于 60 年代的企业高管中，共有 4 979 人拥有一流大学学位，占 60 年代组企业高管总人数的 42.5％；出生于 70 年代的企业高管中，共有 1 157 人拥有一流大学学位，占 70 年代组企业高管总人数的 41.6％；出生于 80 年代的企业高管中，共有 90 人拥有一流大学学位，占 80 年代组企业高管总人数的 39.3％。

第二节 出生年代收入效应的模型建构

一、相关模型设计

　　一流大学学位可能对出生于不同年代的企业高管收入产生不同的影响。为探究时代背景下一流大学学位与企业高管个人收入之间的关系，本章基于明瑟收入方程，控制部分可能影响高管个人收入的因素，着重研究一流大学学位带来的不同收入效应。如以往各章的模型设计，教育程度、工作经验以及工作经验的平方项依然作为基本观测变量纳入出生年代收入效应模型。更进一步，模型加入反映高管时代特征的出生年代虚拟变量，得到如下方程：

$$\ln W = \alpha + \beta_1 \times S + \beta_2 \times E + \beta_3 \times E^2 + \varphi \times R + \Upsilon \times A + \varepsilon \tag{8.1}$$

在方程(8.1)中，A 代表企业高管所处的出生年代组，Υ 代表其回归系数。若 Υ 显著，则证明出生年代对企业高管收入存在一定影响。同样需要观测的还有 β_1 和 φ 系数。β_1 系数代表在既定出生年代下，企业高管的个人教育收益率。φ 系数则表示毕业院校质量对企业高管收入的影响，也是本章重点测量的一流大学效应部分。

不过，上一方程是在不控制任何相关组织变量情形下对教育收益的估计。如若考虑组织绩效对企业高管个人收入的影响，方程中还可加入企业营业收入、净利润和反映组织规模的总资产三大变量，从而生成新的方程：

$$\ln W = \alpha + \beta_1 \times S + \beta_2 \times E + \beta_3 \times E^2 + \varphi \times R + \Upsilon \times A + \Sigma \eta_i \times X_i + \varepsilon \tag{8.2}$$

在新方程中，X_i 包含已经提及的企业营业收入、净利润和总资产变量，η_i 是相应的回归系数。此时，若 Υ 显著，则说明在控制企业绩效的条件下，出生年代对企业高管收入仍旧存在影响。

另外，毕业院校质量与出生年代也可能存在交互作用。随着出生年代的推移，毕业院校质量对企业高管收入的影响将如何变化，这成为接下来需要关注的问题：

$$\ln W = \alpha + \beta_1 \times S + \beta_2 \times E + \beta_3 \times E^2 + \varphi \times R + \Upsilon \times A + \sigma_i \times R \times A + \Sigma \eta_i \times X_i + \varepsilon \tag{8.3}$$

在方程(8.3)中，σ_i 为交互项的回归系数，若其显著，则说明毕业院校质量和出生年代对企业高管收入具有共同作用。借此，本章还将考察一流大学效应受到企业高管出生年代的调节效果。

二、主要变量说明

出生年代组(A)：出生年代组是本章采用的重要分析维度。由于年龄较大或较小的企业高管可能因刚刚进入或已经退出劳动力市场而产生收入异常的情况，因此本章模型借鉴已有研究对毕业生进入劳动力市场时间的划定，[1]仅针对

① ALWIN D F. College Effects on Educational and Occupational Attainments[J]. American Sociological Review, 1974, 39(2): 210-223.

至少进入劳动力市场 7 年并仍在企业高层行使权力的 37 岁到 66 岁①（1950 年到 1979 年出生）人群划分出生年代组。具体划分方法如下：1950 年到 1959 年出生的企业高管为 50 年代组，1960 年到 1969 年出生的企业高管为 60 年代组，1970 年到 1979 年出生的企业高管为 70 年代组；研究以 50 年代组的企业高管作为参照组，设置虚拟变量。

毕业院校质量（R）：毕业院校质量是测量一流大学效应的关键变量。对于毕业院校质量的分组，本章将世界大学学术排名（ARWU）、QS、泰晤士高等教育（THE）和美国新闻与世界报道（USNews）这四个大学排名中的合集前 100 强大学纳入一流大学组，将合集以外的其他大学纳入普通大学组（参照组）。对于那些拥有多个大学学位的高管样本，如果该名高管既拥有一流大学学位又拥有普通大学学位，那么就将其归入一流大学组。

毕业院校质量与出生年代的交互项（$R \times A$）：基于上述两个分组标准，研究规定交互项的参照组为出生于 20 世纪 50 年代且拥有普通大学学位的企业高管。假如主效应显著，交互项的回归系数显著且为正，则说明出生年代能够影响企业高管的一流大学收入效应，并且起到正向作用。与没有一流大学学位的"老一辈"企业高管相比，拥有一流大学学位的年轻一代企业高管获得了教育收益的增加。假如主效应显著，交互项的回归系数显著且为负，则说明出生年代能够影响企业高管的一流大学收入效应，但起到负向作用。此时，出生年代抑制了拥有一流大学学位企业高管收入的增加，即年轻不是资本，反而因经验缺失阻碍了企业高管教育收益的增加。另外，假如主效应不显著，但交互项的回归系数显著，则需要运用联合显著性检验和简单斜率法予以进一步考察。

三、样本描述统计

在进行回归分析前，研究首先对出生年代收入效应模型中的主要变量展开统计，主要观测平均值、标准差、最大值、最小值和中位值五项指标。从受教育年限看，出生于 20 世纪 50 年代的企业高管平均在校时间最长，为 17.77 年，而出生于 70 年代的企业高管平均在校时间最短，为 17.48 年；受教育年限波动幅度

---

① 高管年龄的推算方法同本章开篇。

最大的也是出生于50年代的企业高管;在三个年代组中,最长教育年限的企业
高管均为24年,最短均为14年(见表8-1)。

表8-1 出生年代收入效应模型主要变量的描述性统计

主要变量	出生年代	50年代	60年代	70年代
受教育年限	平均值	17.77	17.67	17.48
	标准差	2.09	1.98	1.94
	最大值	24.00	24.00	24.00
	最小值	14.00	14.00	14.00
	中位值	18.00	18.00	18.00
工作年限	平均值	36.12	27.20	18.43
	标准差	3.60	3.52	3.17
	最大值	45.00	36.00	25.00
	最小值	26.00	16.00	8.00
	中位值	36.00	27.00	19.00
年收入的自然对数	平均值	12.37	12.77	12.47
	标准差	1.74	1.98	2.00
	最大值	18.78	18.35	18.43
	最小值	5.55	4.23	4.58
	中位值	12.24	12.59	12.48

注:企业高管年收入换算前的基本单位为百万美元,受教育年限和工作年限的基本单位为年。

从工作年限看,出生于20世纪50年代的企业高管平均在职时间最长,但标准差指标反映的工作年限波动幅度也最大,工作时间最长的企业高管为45年;在70年代组中,工作时间最短的企业高管仅为8年。

从年收入的自然对数看,出生于20世纪60年代的企业高管平均年收入最高,而出生于50年代的企业高管平均年收入最低,出生于70年代的企业高管收入居中;从标准差看,70年代组企业高管的收入波动幅度最大,而50年代组企业高管的收入波动幅度最小;收入最大值出现在50年代组企业高管之中,最小值则出现在60年代组企业高管之中;在不同年代组中,企业高管的收入中位值与平均值的分布情况一致。

此外，在 20 世纪 50 年代组，拥有一流大学学位的企业高管平均年收入为 134.41 万美元，拥有普通大学学位的企业高管平均年收入为 100.66 万美元；在 60 年代组，拥有一流大学学位的企业高管平均年收入为 189.49 万美元，拥有普通大学学位的企业高管平均年收入为 131.07 万美元；在 70 年代组，拥有一流大学学位的企业高管平均年收入为 154.30 万美元，拥有普通大学学位的企业高管平均年收入为 95.89 万美元。可以看到，60 年代组企业高管平均年收入明显高于 50 年代组和 70 年代组企业高管的平均年收入；而且，拥有一流大学学位的企业高管在不同年代组中的平均年收入均高于拥有普通大学学位企业高管的平均年收入。

第三节　出生年代对企业高管收入影响

一、基本回归结果

由于本章样本总数发生变化，在分析出生年代对企业高管收入影响前，研究首先根据方程(8.1)和(8.2)，对因变量与人力资本相关变量进行回归。在表 8-2 中，第一列只纳入明瑟收入方程的基本要素，第二列在第一列基础上加入了反映一流大学效应的毕业院校质量变量，第三列则进一步加入组织绩效变量。

表 8-2　人力资本因素对企业高管收入的影响

模 型 分 类	基础模型	加入毕业院校质量	加入组织绩效
受教育年限	0.040*** (0.006)	0.018*** (0.005)	0.005 (0.005)
工作年限	0.188*** (0.011)	0.185*** (0.011)	0.163*** (0.011)
工作年限的平方×10⁻²	−0.364*** (0.018)	−0.358*** (0.018)	−0.328*** (0.018)
毕业院校质量		0.410*** (0.021)	0.357*** (0.020)
企业营业收入			−0.033** (0.015)
企业总资产			−0.175*** (0.010)

（续表）

模 型 分 类	基础模型	加入毕业院校质量	加入组织绩效
企业净利润			0.444*** (0.015)
截距项	9.666*** (0.191)	9.916*** (0.189)	9.222*** (0.196)
观测数	29 268	29 268	29 268
R^2	0.028	0.039	0.083

注：（1）模型 F 值在 1％水平显著；（2）***、**、*分别表示 1％、5％、10％的显著性水平；（3）括号内为异方差稳健标准误。

　　如表 8-2 所示，在这组回归结果里，若仅考虑人力资本对企业高管收入的影响，研究发现企业高管每多增加 1 年大学教育，其个人收入将提高 4.0％；同时考虑毕业院校质量因素后，受教育年限对收入的影响受到大大稀释，教育收益率降至 1.8％，此时，与拥有普通大学学位的企业高管相比，拥有一流大学学位的企业高管收入高 50.7％。

　　然而，这一结果是在不控制组织绩效因素情况下得到的，高估了一流大学学位的收入效应，因而，模型三加入企业营业收入、总资产和净利润变量后，收入效应降至 42.9％。换而言之，在控制部分组织绩效因素时，新的总体样本中，企业高管的一流大学收入效应为 42.9％。

　　表 8-3 的出生年代效应模型在模型三的基础上，加入了企业高管的出生年代变量。从表中可见，加入出生年代变量后，受教育年限对企业高管收入的影响依然不显著，而毕业院校质量的回归系数却显著为正，说明毕业院校质量在某种程度上替代了受教育年限的作用，成为解释企业高管收入水平的新要素。在工作年限方面，未加入交互项的模型显示，企业高管每多增加 1 年工作时间，收入增加约 12.6％；加入毕业院校质量和出生年代的交互项后，模型显示，企业高管每多增加 1 年工作经验，收入增加约 13.9％。工作年限的平方项系数为负，符合理论假说。在毕业院校质量方面，未加入交互项的模型显示，与拥有普通大学学位的企业高管相比，拥有一流大学学位的企业高管收入高 43.1％；加入交互项的模型显示，与拥有普通大学学位的企业高管相比，拥有一流大学学位的企业高管收入高 27.1％。在出生年代方面，未加入交互项的模型显示，出生于 70 年代的

企业高管收入低于参照组——出生于 50 年代的企业高管；加入交互项以后，研究发现，与出生于 50 年代且拥有普通大学学位的企业高管相比，出生于 60 年代且拥有一流大学学位的企业高管收入高 22.4%，出生于 70 年代且拥有一流大学学位的企业高管收入高 47.0%。由此看来，在控制其他因素时，虽然年轻一代企业高管不如年长一代企业高管收入高，但一流大学学位还是可以显著促进其收入的增加。一流大学学位在出生年代对企业高管收入影响中起到调节作用。

表 8-3　出生年代和毕业院校质量对企业高管收入的影响

模 型 分 类	一流大学效应	出生年代效应	交互效应
受教育年限	0.005 (0.005)	0.001 (0.006)	0.001 (0.006)
工作年限	0.163*** (0.011)	0.126*** (0.015)	0.139*** (0.015)
工作年限的平方×10⁻²	−0.328*** (0.018)	−0.276*** (0.023)	−0.297*** (0.023)
毕业院校质量	0.357*** (0.020)	0.358*** (0.020)	0.240*** (0.027)
20 世纪 60 年代		−0.005 (0.040)	−0.093** (0.045)
20 世纪 70 年代		−0.215** (0.084)	−0.348*** (0.089)
20 世纪 60 年代×一流大学			0.202*** (0.044)
20 世纪 70 年代×一流大学			0.385*** (0.077)
企业营业收入	−0.033** (0.015)	−0.032** (0.015)	−0.032** (0.015)
企业总资产	−0.175*** (0.010)	−0.175*** (0.010)	−0.174*** (0.010)
企业净利润	0.444*** (0.015)	0.443*** (0.015)	0.441*** (0.015)
截距项	9.222*** (0.196)	9.956*** (0.323)	9.801*** (0.324)
观测数	29 268	29 268	29 268
R^2	0.083	0.083	0.084

注：(1) 模型 F 值在 1% 水平显著；(2) ***、**、*分别表示 1%、5%、10%的显著性水平；(3) 括号内为异方差稳健标准误。

二、高管职位分析

由于企业高管所处的职位和是否为董事会成员可能对研究结论产生影响，因此本章在这一部分采用不同样本集测试一流大学效应存在的外部环境。

对企业首席执行官（CEO）和非首席执行官的测试表明，毕业院校质量对企业高管收入具有正向影响。在控制其他条件时，与拥有普通大学学位的首席执行官相比，拥有一流大学学位的首席执行官收入高 53.0%；在非首席执行官之中，与拥有普通大学学位的首席执行官相比，拥有一流大学学位的首席执行官收入高 26.9%。由此看来，一流大学学位在更大程度上提高了首席执行官的收入水平。从出生年代看，首席执行官的回归系数并不显著，而非首席执行官的回归系数符号与之前得到的结果一致，即与参照组——出生于 50 年代的企业高管相比，出生于 60 年代和 70 年代的企业高管收入要更低一些。同样，在非首席执行官中，出生年代和毕业院校质量的交互项显示，一流大学学位调节了出生年代对企业高管收入的影响，促进了企业高管收入的增加。

对董事会成员和非董事会成员的测试表明，毕业院校质量对企业高管收入存在正向影响，其中对董事会成员的作用更大。与拥有普通大学学位的董事会成员相比，拥有一流大学学位的董事会成员收入高 41.8%；与拥有普通大学学位的非董事会成员相比，拥有一流大学学位的董事会成员收入高 28.4%。而在出生年代方面，60 年代组和 70 年代组企业高管收入显著低于 50 年代组企业高管的收入，其中 70 年代组更低。在董事会成员中，与参照组相比，出生于 60 年代且拥有一流大学学位的企业高管收入高 24.6%，出生于 70 年代且拥有一流大学学位的企业高管收入高 20.9%。在非董事会成员中，60 年代与一流大学的交互作用并不显著，而出生于 70 年代且拥有一流大学学位的企业高管收入高于参照组 39.8%（见表 8-4）。

表 8-4 出生年代收入效应模型的稳健性测试

样 本 分 类	首席执行官	非首席执行官	董事会成员	非董事会成员
受教育年限	0.002 (0.025)	0.006 (0.006)	0.035*** (0.006)	0.004 (0.008)
工作年限	0.128** (0.056)	0.117*** (0.015)	0.120*** (0.017)	0.084*** (0.019)

（续表）

样 本 分 类	首席执行官	非首席执行官	董事会成员	非董事会成员
工作年限的平方×10⁻²	−0.188**	−0.257***	−0.205***	−0.140***
	(0.094)	(0.023)	(0.025)	(0.033)
毕业院校质量	0.425***	0.238***	0.349***	0.250***
	(0.099)	(0.027)	(0.027)	(0.037)
20 世纪 60 年代	0.002	−0.104**	−0.144***	−0.124**
	(0.127)	(0.045)	(0.049)	(0.050)
20 世纪 70 年代	0.133	−0.361***	−0.234**	−0.283***
	(0.247)	(0.090)	(0.104)	(0.088)
20 世纪 60 年代×一流大学	−0.174	0.185***	0.220***	0.055
	(0.127)	(0.044)	(0.049)	(0.049)
20 世纪 70 年代×一流大学	0.238	0.384***	0.190**	0.335***
	(0.214)	(0.077)	(0.090)	(0.074)
组织绩效	控制	控制	控制	控制
截距项	10.92***	9.924***	8.595***	11.18***
	(1.147)	(0.325)	(0.361)	(0.378)
观测数	1 291	27 977	22 388	6 880
R^2	0.153	0.082	0.069	0.184

注：(1) 模型 F 值在 1% 水平显著；(2) ***、**、*分别表示 1%、5%、10%的显著性水平；(3) 括号内为异方差稳健标准误。

三、家族企业影响

由于家族企业样本可能对一流大学效应的整体结论造成影响，因而本章测试了家族企业高管的毕业院校质量对其收入的影响，但结果并不显著。采用逆向操作，排除家庭企业样本后，考察非家族企业高管的教育收益情况。回归结果发现，在排除家族企业样本后，研究结论并未产生改变，且一流大学效应的具体数值只存在十分微小的变化，证明家族企业性质不是影响收入效应的关键要素（见表 8-5）。

表 8-5　排除家族企业样本后的企业高管教育收益

模 型 分 类	基础模型	加入毕业院校质量	加入组织绩效
受教育年限	0.003	−0.002	−0.002
	(0.005)	(0.006)	(0.006)

（续表）

模 型 分 类	基础模型	加入毕业院校质量	加入组织绩效
工作年限	0.164*** (0.011)	0.127*** (0.015)	0.140*** (0.015)
工作年限的平方×10⁻²	−0.331*** (0.018)	−0.279*** (0.023)	−0.300*** (0.023)
毕业院校质量	0.355*** (0.021)	0.356*** (0.021)	0.238*** (0.027)
20世纪60年代		−0.014 (0.040)	−0.103** (0.045)
20世纪70年代		−0.228*** (0.084)	−0.363*** (0.090)
20世纪60年代×一流大学			0.202*** (0.044)
20世纪70年代×一流大学			0.390*** (0.077)
组织绩效	控制	控制	控制
截距项	9.202*** (0.197)	9.973*** (0.324)	9.816*** (0.325)
观测数	28 843	28 843	28 843
R^2	0.084	0.085	0.086

注：(1) 模型 F 值在1%水平显著；(2) ***、**、*分别表示1%、5%、10%的显著性水平；(3) 括号内为异方差稳健标准误。

本章小结

出生年代是分析企业高管教育收益的外部环境因素。从本研究的高管样本人数分布看，出生于20世纪50年代至70年代的企业高管人数相对集中。在各个年代组中，拥有博士学位人员所占比例最高的是出生于40年代的企业高管，为21.1%。商科背景备受企业高管青睐，在50年代组中人数最多，在70年代组中比例最高；而随着时代的推移，具有法学背景的企业高管人员所占比例逐渐下降。在海外学位方面，出生于80年代以后的企业高管人员比例明显高于其他年代组的企业高管，为32.3%。在毕业院校方面，出生于40年代的企业高管中，拥有一流大学学位的人员比例最高,为 47.4%。

通过明瑟收入方程的基础模型,本章使用出生年代变量,构建了企业高管的出生年代收入效应模型。在描述性统计方面,研究发现,出生于 50 年代的企业高管平均受教育年限相对较长,而出生于 70 年代的企业高管平均受教育年限相对较短。在薪酬收入上,出生于 60 年代的企业高管平均年收入最高,而出生于 50 年代的企业高管平均年收入最低,出生于 70 年代的企业高管平均年收入位居二者中间。在不同年代组中,拥有一流大学学位的企业高管收入均高于拥有普通大学学位的企业高管收入。

以 50 年代组作为参照,回归结果显示,未加入出生年代与毕业院校质量的交互项时,60 年代对企业高管收入的影响不显著,而 70 年代对企业高管收入存在负向影响,可见 50 年代组企业高管的教育收益最高。加入出生年代与毕业院校质量的交互项后,研究发现,与出生于 50 年代且拥有普通大学学位的企业高管相比,出生于 60 年代且拥有一流大学学位的企业高管收入高 22.4%,出生于 70 年代且拥有一流大学学位的企业高管收入高 47.0%。一流大学学位显著调节了年轻一代企业高管的教育收益。

最后,本章探讨了首席职位、董事会成员与否以及家族企业性质对企业高管收入的影响。基于稳健性测试,研究发现,在控制出生年代因素后,一流大学学位对于首席执行官的收入增加具有更为明显的作用。对非首席执行官而言,一流大学学位调节了出生年代对企业高管收入的影响。同时,对于董事会成员来说,一流大学学位更大程度地促进了企业高管收入的增加。家族企业性质对研究影响颇微,在排除这些样本后,研究结论并未因此发生变化。

第九章
中国企业高管教育收益分析

第一节 中国企业高管的教育背景特征

一、学位层次特征

在 4 137 位来自中国企业的高管当中,拥有博士学位的企业高管 740 人,占统计样本的 17.9%;最高学位为硕士的企业高管 1 611 人,占统计样本的 38.9%;最高学位为学士的企业高管 1 353 人,占统计样本的 32.7%;其他学位类型的企业高管占 10.5%。与全球企业高管相比,中国企业高管的研究生比例更高,其中博士占比高出全球平均水平 2.4%,硕士占比高出全球平均水平 3.2%。

在各个学位层次中,拥有一流大学学位的中国企业高管分别为:学士,960 人,占拥有学士学位中国企业高管人数的 25.9%;硕士,838 人,占拥有硕士学位中国企业高管人数的 35.6%;博士,306 人,占拥有博士学位中国企业高管人数的 41.4%。从这组数据来看,中国企业高管在各个学位层次中的“一流大学人数”占比是低于全球水平的(具体可见表 4-1 和表 9-1),这与当前我国的世界一流大学数量较少有很大关系。一般而言,各国企业高管大多是由本国大学培养和输出的。如果本国的世界一流大学数量相对较少,那么拥有一流大学学位的本国企业高管人数通常占比不高。以上结果表明,我国企业重视高管的学历水平,接近 70% 的人拥有研究生学历。然而,在这些企业高管中,毕业于世界一流大学的人数及比例还相对较少。我国大学只有向“世界一流”进一步迈进,才能为中国企业输送更多人才。

表 9-1　中国企业高管在各个学位层次中的人数及比例分布

学 位 层 次	学士	硕士	博士	其 他
拥有普通大学学位的企业高管人数	2 744	1 513	434	
拥有普通大学学位的企业高管人数占本学位层次企业高管总人数的比例	74.1%	64.4%	58.6%	———
拥有一流大学学位的企业高管人数	960	838	306	
拥有一流大学学位的企业高管人数占本学位层次企业高管总人数的比例	25.9%	35.6%	41.4%	
各学位层次企业高管人数合计	3 704	2 351	740	433

注：学士层次还包含拥有硕士和博士学位的样本，硕士层次还包含拥有博士学位的样本，"其他"表示最高学位为副学士或相当学位的企业高管样本。

　　从中国企业高管的毕业院校看，学士、硕士和博士层次的具体情况如下：在学士层次，香港大学（200 人）、中国人民大学（64 人）、清华大学（63 人）、香港中文大学（59 人）、复旦大学（50 人）、北京大学（48 人）、香港理工大学（46 人）人数较多，均超过样本数的 1%；厦门大学（32 人）、上海交通大学（30 人）、上海财经大学（30 人）、剑桥大学（30 人）、浙江大学（29 人）、吉林大学（28 人）、天津大学（23 人）、杭州电子科技大学（22 人）、南开大学（22 人）、武汉大学（22 人）、中南财经政法大学（22 人）等学校也超过了样本数的 0.5%。在硕士层次，毕业人数较多的学校有清华大学（63 人）、北京大学（62 人）、中国人民大学（58 人）、香港大学（53 人）、剑桥大学（47 人）、复旦大学（39 人）、香港中文大学（37 人）、南开大学（28 人）、厦门大学（28 人）、斯坦福大学（27 人）、哥伦比亚大学（25 人）、哈佛大学（25 人）、上海交通大学（25 人）、上海财经大学（24 人）、大连理工大学（20 人）、武汉大学（20 人）、重庆大学（20 人）等。在博士层次，中国人民大学（30 人）、香港理工大学（29 人）、清华大学（23 人）和厦门大学（22 人）是培养高管人数最多的四所大学。另外，有 20 位中国企业高管曾从事博士后研究工作。

二、学科背景特征

　　依照本书第五章对于企业高管"学科背景"的划分，统计得出 1 874 位中国企业高管具有学科背景信息，学位数总计 2 226 个。七个学科组的高管人数分别为：文科 395 人，商科 950 人，法学 196 人、理学 462 人、工学 208 人、农学 7

人、医学 8 人。与全球企业高管相似,商科背景在中国企业高管中占比最高。

在具有文科背景的企业高管中,拥有一流大学学位的计 209 人,占文科组高管人数的 52.9%;在具有商科背景的企业高管中,拥有一流大学学位的计 494 人,占商科组高管人数的 52.0%;在具有法学背景的企业高管中,拥有一流大学学位的计 132 人,占法学组高管人数的 67.3%;在具有理学背景的企业高管中,拥有一流大学学位的计 317 人,占理学组高管人数的 68.6%;在具有工学背景的企业高管中,拥有一流大学学位的计 61 人,占工学组高管人数的 29.3%。因具有农学和医学背景的中国企业高管人数过少,一流大学人数占比统计意义不大,故未将其列出。

表 9-2 清楚显示了中国企业高管在不同学科组中的一流大学人数占比。与全球相比(表 5-1),中国企业高管在法学组和理学组的一流大学人数占比具有一定优势,分别为 67.3% 和 68.6%,高于全球的 53.8% 和 48.5%;在文科组、商科组和工学组,中国企业高管的一流大学人数占比低于全球水平,分别是 52.9%(中国企业高管,文科组)对 61.2%(全球企业高管,文科组),52.0%(中国企业高管,商科组)对 54.6%(全球企业高管,商科组),以及 29.3%(中国企业高管,工学组)对 40.3%(全球企业高管,工学组)。以上结果说明中国企业高管在一流大学文科、商科和工学教育方面相对不足。特别是在工学领域,中国企业高管的一流大学人数占比严重偏低,技术型管理人才的"一流背景"在全球比拼中处于下风。

表 9-2   具有不同学科背景的中国企业高管人数分布

学科组	普通大学人数	一流大学人数	人数合计	拥有一流大学学位人数占本学科组总人数的比例
文科	186	209	395	52.9%
商科	456	494	950	52.0%
法学	64	132	196	67.3%
理学	145	317	462	68.6%
工学	147	61	208	29.3%

三、海外学位特征

在本研究的样本中,共有 1 738 位中国企业高管拥有海外大学的学位,其中 1 566 人的最高学位为海外学位，其余 172 人虽然拥有海外学位但最高学位来自中国本土大学。"海归"高管在拥有海外大学学位的中国企业高管中高达 90.1%。

从海外学位的层次分布看，中国企业高管拥有海外学士学位 1 023 个，拥有海外硕士学位 976 个，拥有海外博士学位计 311 个。在学士层次，一流大学学位计 568 个，占该层次海外学位数量的 55.5%；在硕士层次，一流大学学位计 580 个，占该层次海外学位数量的 59.4%；在博士层次，一流大学学位计 200 个，占该层次海外学位数量的 64.3%。同样，随着学位层次的提升，中国企业高管的海外一流大学学位占海外学位数量的比例也相应提高。在各个学位层次中，中国企业高管的海外一流大学学位占海外学位数量的比例均高于全球水准。在学士层次，这一比例甚至更高。这说明中国企业对于海外高层次人才的需求是与高质量的大学背景要求相结合的。由于我国世界一流大学数量相对匮乏，企业对一流大学人才的渴求很多时候转化成了对海外人才的吸纳。因此，培育扎根中国本土的世界一流大学将成为提升我国企业国际竞争力的关键。

从海外学位的国别分布看，在学士层次，拥有美国、英国、加拿大、澳大利亚四国大学学位的人数最多，分别为 251 人、189 人、78 人和 69 人。其他高管拥有日本、韩国、新加坡、泰国、马来西亚、菲律宾、印度、新西兰、爱尔兰、瑞典、法国、西班牙、德国、奥地利、南非等国家（地区）的大学学位。有 712 人本科就读于中国本土大学，随后到海外深造。在硕士层次，有 376 人拥有美国大学学位，有 164 人拥有英国大学学位，有 76 人拥有澳大利亚大学学位，有 38 人拥有加拿大大学学位。此外，中国企业高管还拥有芬兰、丹麦、荷兰、比利时、瑞士等国家（地区）大学的硕士学位。而在博士层次，中国企业高管的海外学位主要来自美国、英国、加拿大、澳大利亚、日本、丹麦、德国、法国、荷兰、比利时、西班牙等国家（地区）。

从海外学位的院校分布看，剑桥大学（88 人）、哈佛大学（53 人）、斯坦福大学（49 人）、哥伦比亚大学（47 人）、牛津大学（40 人）、普林斯顿大学（37 人）、新南威尔士大学（36 人）、芝加哥大学（32 人）、加州大学伯克利分校（30 人）、宾夕法尼亚大学（30 人）等向中国企业输出的毕业生中高管人数较多，均超过了 30 人（见表 9 - 3）。可以看出，我国企业比较青睐的海外人才一般具有英、美、澳等发达国家一流大学背景，高管拥有的海外学位具有"一流"特征。

表 9 - 3   中国企业高管的海外毕业院校分布(前 20 位)

排　名	大 学 校 名	国家(地区)	高管人数
1	剑桥大学	英　国	88
2	哈佛大学	美　国	53
3	斯坦福大学	美　国	49
4	哥伦比亚大学	美　国	47
5	牛津大学	英　国	40
6	普林斯顿大学	美　国	37
7	新南威尔士大学	澳大利亚	36
8	芝加哥大学	美　国	32
9	加州大学-伯克利	美　国	30
9	宾夕法尼亚大学	美　国	30
11	麻省理工学院	美　国	29
12	曼彻斯特大学	英　国	27
12	多伦多大学	加拿大	27
12	南加州大学	美　国	27
15	麦吉尔大学	加拿大	24
16	伦敦政治经济学院	英　国	23
17	肯特大学	英　国	21
18	新加坡国立大学	新加坡	18
19	伦敦帝国学院	英　国	17
19	英属哥伦比亚大学	加拿大	17

第二节　中国企业高管的收入效应测量

一、明瑟收入模型

按照第三章提及的经典"明瑟收入方程",本章首先以模型(3.1)测量中国企业高管的教育收益率。从主要变量的描述性统计看,中国企业高管年收入的自然对数均值(11.10)低于全球水平(12.39),且标准差更小(1.65 对 1.77)。与全球相比,中国企业高管年收入自然对数的最大值更小(17.55 对 18.78),而最小值更大(4.86 对 0.00)。10.85 这一中位值也明显低于全球中位值 12.28。收入统计指标表明,与全球企业高管相比,中国企业高管收入相对低,收入差别相对小。在教育程度方面,中国企业高管的平均受教育年限为 17.85 年,长于全球的 17.77 年,但受教育年限差别较大,其标准差(2.47)高于全球水平(2.10),这说明中国企业高管的整体学历水平较高,但学历差异相对较大。从工作经验看,与全球相比,中国企业高管平均工作年限更短(31.21 对 34.33),工作年限的中位值更小(30.00 对 34.00),见表 9-4。

表 9-4 中国企业高管教育收益方程中主要变量的样本描述

变量名称	企业高管收入	教育程度	工 作 经 验	
变量符号	$\ln W$	S	E	E^2
变量含义	年收入的自然对数	受教育年限	工作年限	工作年限平方/100
平均值	11.10	17.85	31.21	10.75
标准差	1.65	2.47	10.02	6.77
最大值	17.55	24.00	75.00	56.25
最小值	4.86	12.00	1.00	0.01
中位值	10.85	18.00	30.00	9.00
观测数	4 137	4 137	4 137	4 137

注:中国企业高管年收入换算前的基本单位为百万美元。

计算明瑟收益率的回归结果如下:对收入进行 1% 到 99% 缩尾处理,模型整体通过显著性检验(P 值为 0.000),其中受教育年限的回归系数为 0.031,并在 1% 水平显著(P 值为 0.002),工作年限与工作年限的平方项均不显著,截距项显著。在此模型中,若将教育以外因素视作控制变量,则中国企业高管多增加 1 年大学教育,收入将增加约 3.1%。

二、学位层次分析

在不同学位层次中,一流大学学位对中国企业高管收入影响不尽相同。在明瑟收入模型基础上,通过毕业院校质量对中国企业高管样本进行整体回归,结果显示:在控制了组织绩效和行业的情况下,与没有一流大学学士学位的企业高管相比,拥有一流大学学士学位的企业高管收入高出 46.1%;倘若排除未获得学士学位的高管样本,收入效应为14.3%。与没有一流大学硕士学位的企业高管相比,拥有一流大学硕士学位的企业高管收入高出20.2%;若排除未获得学士学位的高管样本,收入效应为16.3%。与没有一流大学博士学位的企业高管相比,拥有一流大学博士学位的企业高管收入更低,效应大小为53.4%;若排除未获得学士学位的高管样本,收入效应为25.2%(低于参照组)。最佳大学排名的测试结果显示,中国企业高管的收入效应为28.0%。

模型(4.2)对最高学位为学士的中国企业高管进行测量,研究发现行业变量的加入将会影响到一流大学学位回归结果的显著性。如表9-5所示,基础模型中一流大学学士学位的回归系数为0.272;在加入组织绩效变量后,R^2变大,但一流大学学士学位的回归系数减小为0.240;加入行业变量后,R^2进一步变大,但此时一流大学学士学位的回归系数并不显著。也就是说,在不考虑行业这一控制变量时,含有组织绩效变量的模型测算的一流大学效应为27.1%。模型对最高学位为硕士的中国企业高管回归,其中一流大学硕士学位对收入的影响并不显著。在基础模型中,一流大学博士学位对中国企业高管具有负向影响,收入效应为20.0%(低于参照组)。此外,若以最高学位的大学排名衡量毕业院校质量,则中国企业高管的收入效应为26.0%。

表9-5 一流大学背景对最高学位为学士的中国企业高管收入影响

模 型 分 类	基础模型	加入组织绩效变量	再加入行业变量
一流大学学士学位	0.272***	0.240***	0.138
	(0.091)	(0.092)	(0.091)
工作年限	−0.018	−0.024	−0.004
	(0.018)	(0.018)	(0.018)
工作年限的平方×10⁻²	−0.030	−0.024	−0.054**
	(0.027)	(0.026)	(0.025)
组织绩效		控制	控制
行业			控制
截距项	12.27***	11.72***	10.47***
	(0.313)	(0.398)	(0.493)
观测数	1 353	1 336	1 336
R^2	0.068	0.083	0.146

注:(1) 模型F值在1%水平显著;(2) ***、**、*分别表示1%、5%、10%的显著性水平;(3) 括号内为异方差稳健标准误;(4) 观测数小于样本数缘于缩尾处理。

从某一学位的毕业院校影响看,对比全球样本的回归结果,一流大学学位对中国企业高管收入影响方向未发生变化。在未设定最高学位的全样本回归中,无论系数正负,中国企业高管的收入效应都更大,即一流大学学位给中国企业高管带来了更为明显的收入变化。从最佳排名和最高学位的毕业院校影响看,中国企业高管的收入效应与全球水平较为接近,详见表9-6(中国企业高管),对比表4-13(全球企业高管)。

表9-6　中国企业高管在各个学位层次中的一流大学收入效应

学位层次	当前学位	某一学位中毕业院校的影响	排除没有学士学位样本后的影响
学士层次	一流大学学士	46.1%	14.3%
硕士层次	一流大学硕士	20.2%	16.3%
博士层次	一流大学博士	−53.4%	−25.2%
多个学位层次(最佳排名院校)		28.0%	—
不划分学位层次		—	26.0%

三、学科背景分析

在中国企业高管样本中,未控制毕业院校质量时,各学科背景对企业高管收入影响如下:与没有文科背景的企业高管相比,具有文科背景的企业高管收入高出31.7%;与没有商科背景的企业高管相比,具有商科背景的企业高管收入高出54.3%;具有法学背景的企业高管收入低于其他学科背景企业高管39.0%;与没有理学背景的企业高管相比,具有理学背景的企业高管收入高出62.2%;与没有工学背景的企业高管相比,具有工学背景的企业高管收入高出21.3%;农学背景和医学背景的回归结果均不显著。

控制毕业院校质量时,各学科背景对企业高管收入影响如下:与没有文科背景的企业高管相比,具有文科背景的企业高管收入高出22.9%;与没有商科背景的企业高管相比,具有商科背景的企业高管收入高出51.0%;具有法学背景的企业高管收入低于其他学科背景企业高管43.0%;与没有理学背景的企业高管相比,具有理学背景的企业高管收入高出55.3%;与没有工学背景的企业高管相比,具有工学背景的企业高管收入高出24.0%;农学背景和医学背景的回归结果依旧不显著。对比发现,加入毕业院校质量变量后,除工学背景外,其他学科背景的正向收入效应有所减小,而工学背景的收入效应反而增大。这说明一流大学学位在一定程度上影响了工学背景对中国企业高管收入的变化。

同全球企业高管的回归结果相比,法学背景和工学背景对中国企业高管的影响有所不同。在全球样本回归中,法学背景对企业高管收入具有显著正向影响,工学背景具有显著负向影响;而对中国企业高管来说,法学背景具有显著负向影响,而工学背景则具有显著正向影响。这反映出法学教育在中国企业高管中的弱势地位,而工学教育却有助于提高中国企业高管的个人收入。然而,这两组结果未能通过单一学科背景的样本回归检验。考虑到具有法学背景和工学背景的中国企业高管人数相对较少,因而本研究对此结论保持审慎态度。

分位数回归测试表明,文科背景在75%和90%分位点影响较大;商科背景在中位点后影响越来越大;法学背景在75%分位点影响最大,且为负向影响;工学背景在90%分位点影响最大,且为正向影响。学科背景对中国企业高管的影响与全球结果差异较大。首先,收入(能力)位置相对较高的中国企业高管更容易受到学科背景的影响,而在全球企业高管中,收入(能力)位置相对较低的人群更容易受到学科背景的影响。其次,法学背景和工学背景对于中国企业高管和全球企业高管的影响是完全相反的:法学背景对中国企业高管收入具有负向影响,工学背景则具有正向影响;法学背景对全球企业高管收入具有正向影响,而工学背景具有负向影响。最后,一流大学学位和工学背景在企业高管教育收益中的作用各不相同。对中国企业高管而言,一流大学学位不仅不能稀释工学背景的作用,相反还在一定程度上强化了工学背景的正向收入效应;而对全球企业高管来说,是否控制一流大学学位的影响与工学背景的影响相互间"影响不大"。

四、海外学位分析

海外大学学位对中国企业高管收入影响较大。借助模型(6.1),回归结果表明,海外大学学位的回归系数为正(0.336)。与拥有本土大学学位的中国企业高管相比,拥有海外大学学位的中国企业高管收入要高出39.9%。若探寻海外一流大学学位的影响,通过观测海外大学学位与一流大学学位在模型(6.2)中的交叉项,可以发现海外大学学位和一流大学学位的回归系数分别0.567和0.527,海外大学学位和一流大学学位对中国企业高管收入增加均有促进作用。然而,交互变量的回归系数为负,又说明海外大学学位抑制了一流大学学位对中国企业高管收入的正向影响。采用最佳排名院校的取值进行验证,回归系数仍为负(-0.696)。

根据模型(6.3),将海外一流大学学士学位、海外一流大学硕士学位、海外一流大学博士学位三组交互变量一并纳入回归方程,研究发现模型整体通过显著性检验,膨胀系数为5.43(小于10)。在学士和硕士层次,一流大学学位和海外大学学位的回归系数均为正,而交互变量的回归系数为负,海外一流大学学士学位和硕士学位不能促进中国企业高管收入增加。在博士层次,海外大学学位的回归系数并不显著,一流大学博士学位的回归系数显著为负,交互变量的回归系数在1%水平显著为负。这组结果进一步说明,在既定条件下,海外一流大学学位不能直接促进中国企业高管收入的增加。

表9-7 一流大学学位和海外大学学位对中国企业高管收入的影响

模 型 分 类	海外学位	交互效应
海外大学学位	0.336***	0.567***
	(0.052)	(0.072)
一流大学学位		0.527***
		(0.083)
海外大学学位×一流大学学位		-0.749***
		(0.114)
其他变量	控制	控制
截距项	9.999***	10.05***
	(0.334)	(0.335)
观测数	4 087	4 087
R^2	0.095	0.105

注:(1) 模型 F 值在1%水平显著;(2) ***、**、*分别表示1%、5%、10%的显著性水平;(3) 括号内为异方差稳健标准误差;(4) 其他变量包括工作年限、工作年限的平方项、组织绩效、行业等;(5) 观测数小于样本数缘于缩尾处理。

第三节 中国企业高管的收入效应讨论

改革开放四十年来,中国企业快速发展,在全球市场竞争中彰显活力。与此同时,我国高等教育大众化进程为中国企业的人才储备提供了重要支持。接受过高层次教育的大量毕业生进入企业工作,其中的杰出人才逐渐成为高层管理者。作为企业发展的核心决策群体,中国企业高管整体上具有较高的学历水平、丰富的学科背景,甚至部分还拥有海外求学经历。然而,由于中国一流大学的发展滞后于中国经济的发展,客观上导致中国企业高管的毕业院校质量与全球平均水平存在差距。2015年10月,国务院印发《统筹推进世界一流大学和一流学科建设总体方案》,为我国若干所大学进入"世界一流"行列、建设高等教育强国助力。同时,建设世界一流大学也是高等教育服务社会经济发展的重要方面。就中国企业发展而言,一流大学人才是中国企业人力资本积累的关键。一流大学的教育经历能为中国企业管理者带来丰富的知识、缜密的思维、先进的理念、开阔的视野等,影响着企业的未来发展。

从学位层次的分析结果看,虽然中国企业高管平均具有接近硕士的学位层次,但群体内部的受教育水平差异较大,这与高等教育规模扩大后中国年轻一代企业高管学位层次提高有很大关系。从市场特征看,中国企业高管的整体薪酬差距较全球企业高管的薪酬差距更小。因此,中国企业高管中的突出特征是"教育差别相对更大但薪酬差别相对更小"。加入毕业院校后分析发现,一流大学学位能够为中国企业高管带来十分明显的收入效应。可以判断,与全球企业高管相比,中国企业高管的教育收益是相对合理的,知识背景和个体才能决定了中国企业高管的相对收入水平。从大的趋势上看,高等教育提高了企业人才的能力,从而使高管在劳动力市场中获得了相对合理的收入回报。但需要指出的是,高等教育并非"越多越好",适度发展与个体差异依然"相依相伴"。尤其是在企业高管这一特殊群体中,博士学位在教育收益中的影响也是十分特殊的。与全球数据结果相似,博士教育并不能带给中国企业高管正向回报,甚至还会带来负向收益。从学士到博士,中国企业高管的教育收益在整体上呈"倒U型"分布,这也印证了前述章节的相应结论。

从学科背景的实证数据看,中国企业高管在工学领域的"一流大学人数占比"偏低,这反映出中国企业管理层中技术型人才的教育质量相对不足。然而,工学背景却能促进中国企业高管收入的增加,这可能与现阶段中国企业的人力资本回报更倚重专业技能而非通用才能有关。工学背景不仅在一定程度上冲抵了一流大学学位的影响,而且成为决定具有工学背景企业高管薪酬的主要因素。与之相反的是,中国企业高管尽管在法学领域"一流大学人数占比"较高,但教育收益偏低,并且为负。与其他学科背景相比,法学背景不能带给中国企业高管相应的才能回报。由此看来,中国企业对于法学人才的重视程度尚待提高。此外,分位数回归结果表明,学科背景更多影响到的是中国企业中收入位置相对较高的高管人群,学科背景在中国企业高管教育收益中的作用是"锦上添花"而并非"雪中送炭"。

从海外学位的统计比例看,在拥有海外大学学位的中国企业高管中,一流大学学位数量占比较高。这体现出"海归"高管在教育背景上的优势。同时,海外大学学位在中国企业高管收入效应中作用突出,对中国企业高管收入存在正向影响。孙榆婷等人的研究表明,海归研究生在回国以后能够获得更高年收入。即使对于那些工作30年以后的海归研究生,这一优势依然存在。[①] 本章结果证实,中国企业的"海归"人才已然受到了高管劳动力市场的充分认可。尽管海外学位和一流大学学位没有发挥共同作用,但海外教育经历可能比一流大学学位能带给中国企业高管更大的价值。同时,本研究认为,海外教育收益问题的结论能否应用于中国企业高管的薪酬研究尚需审慎。中国企业高管是一个较为特殊的劳动力群体。过去的几十年里,他们在求职应聘、岗位转换以及职业晋升等各个环节与一般人群可能存在比较大的差异。在处于快速发展的中国市场中,高管任命方式和薪酬激励机制也在不断变化。随着海外归国人才数量的不断增加和企业国际化进程的加速,从长远来看,海外大学学位将对中国企业和中国企业高管产生更为深远的影响。

中国企业高管教育收益中的"一流大学效应"对于中国企业的未来发展有着指向性意义。首先,随着更多高学历人才进入中国企业,教育背景中的学位层次逐渐将成为人才筛选的显性因素和"门槛"因素。在大学入学率偏低的年代,中国企业高管很多并非具有较高的学历水平,也并不一定需要依靠高等教育实现企业发展和自我发展。然而,我国进入高等教育大众化以后,企业中的人才结构迅速发生变化。学历开始成为大多数知名企业必不可少的选人和用人条件。学位层次的向上提升使得研究生教育在中国企业高管中具有广泛意义和同群效果。对教育收益而言,高等教育质量显示出更为突出的作用,一流大学教育带来了更为长远的回报。中国企业需要更加关注人才储备的质量,实现一流人才的

---

① 孙榆婷,杜在超,赵国昌,李睿. 出国镀金,回国高薪?〔J〕.金融研究,2016(11):174-190.

价值,发挥一流人才的作用。其次,学科专业的分化与知识领域的细化使中国企业中的技能型人才得以倍增。虽然很多人并非拥有一流大学学位,但中国企业中具有理工科背景的高管依然实现了劳动力市场对其能力的较大认可。不过,从全球视角来看,复合学科背景对于企业高层认知和决策的意义也十分重要。如何挖掘更多的复合型人才,特别是"文理"专业复合的通用型人才或将成为中国企业发展过程中值得关注的问题。最后,在全球激烈竞争的时代,"海归"人才对于中国企业参与全球市场、实现国际化经营大有裨益。海外教育收益优势或将进一步彰显。然而,海外教育与一流大学教育并不能发挥共同功效,一流大学学位对本土大学学位的增益更大。这启示我国企业在吸引海外人才的同时也要关注本土一流人才的发展,发挥人才的合力作用。

本章小结

在中国企业高管样本中,最高学位为学士、硕士和博士的人数占比分别为32.7%、38.9%和17.9%。与全球企业高管相比,中国企业高管的研究生比例更高,平均受教育水平更高。在一流大学人数占比方面,中国企业高管在各学位层次均低于全球水平。在毕业院校方面,香港大学、中国人民大学、清华大学、香港中文大学、复旦大学等向中国企业输送了大量高管。

从学科背景看,具有商科背景的中国企业高管人数最多。在一流大学人数占比方面,中国企业高管在法学组和理学组高于全球水平,在文科组、商科组和工学组低于全球水平。

从海外学位看,中国企业高管的一流大学学位占比高于全球水平,且在博士层次占比最高。在拥有海外大学学位的中国企业高管中,"海归"高管占据绝大多数。

从样本均值看,中国企业高管的平均收入低于全球水平,且相对差别更小。明瑟收入模型测量的教育收益率显示,教育显著提升了中国企业高管的个人收入。

在不同的学位层次中,一流大学学位对中国企业高管收入影响不尽相同。一流大学学士学位和硕士学位能够促进中国企业高管收入增加,而一流大学博士学位具有负向影响。从某一学位的毕业院校影响看,与全球样本相比,中国企业高管的一流大学效应更大。

在不同的学科背景中，中国企业高管的收入效应大小不同，其中理学最大，法学最小且为负。同全球结果正好相反，法学背景和工学背景对中国企业高管收入的影响方向分别为负向和正向。收入位置相对较高的中国企业高管更容易受到学科背景的影响。

海外大学教育能够为中国企业高管带来收益。海外大学学位和一流大学学位对中国企业高管收入均具有正向影响，但二者作用相互削减，不能共同促进中国企业高管收入的增加。

高等教育和一流大学将对中国企业高管和中国企业的未来发展产生长远影响。中国企业应更加重视一流人才储备，提升人力资本质量，吸纳和培养复合型管理人才、海外人才以及本土一流人才，实现人才的教育价值。

第十章
结　语

一、主要结论

本研究基于企业年报和官方网站，手工采集了全球万家企业高管的教育背景和薪酬收入数据，并采用履历分析法和计量分析法，对企业高管教育背景与薪酬收入之间的关系展开讨论；通过明瑟收入方程的扩展形式，从学位层次、学科背景和海外学位三个不同维度建立相应模型，分析一流大学的教育背景对企业高管收入的影响，得出以下主要结论：

第一，在不同学位层次中，一流大学的教育背景对企业高管收入影响不同。全部样本的回归结果显示，与参照群体相比，一流大学学士学位和硕士学位对企业高管收入具有显著的正向影响，一流大学博士学位对企业高管收入具有显著的负向影响。在最高学位为学士的企业高管中，在其他条件既定时，拥有一流大学学位的企业高管收入要比拥有普通大学学位的企业高管收入高 6.6％。在最高学位为硕士的企业高管中，在其他条件既定时，拥有一流大学学位的企业高管收入要比拥有普通大学学位的企业高管收入高 18.6％，其中拥有一流大学硕士学位且拥有普通大学学士学位的企业高管收入效应更大，为 23.1％。在最高学位为博士的企业高管中，一流大学学位对企业高管收入的影响并不显著。稳健性测试表明，当使用不同大学排名名次作为毕业院校质量的代理变量时，一流大学效应的实证结论并未发生改变，只是效应大小有所变化。

第二，在不同学科背景中，一流大学的教育背景对处于不同相对收入位置的企业高管作用结果不同。对于具有文科背景的企业高管而言，一流大学学位在 10％分位点对收入增加具有促进作用，在其他分位点对企业高管收入影响均不显著。对于具有商科背景的企业高管而言，一流大学学位在各个分位点对收入增加都有促进作用。在 10% 和 25% 这两个分位点，一流大学学位的作用特别突出。对于具有法学背景的企业高管而言，一流大学学位在各个分位点对收入影响均不显著。

对于具有理学背景的企业高管而言，一流大学学位在 10%、25% 和 50% 分位点对企业高管收入具有显著的正向影响，在 75% 和 90% 分位点影响不显著。

第三，在不同学位类型中，一流大学的教育背景对拥有海外大学学位和本土大学学位的企业高管意义不同。从总体趋势上看，一流大学学位对两类群体的收入增加均存在促进作用。不过，一流大学学位仅对拥有本土大学学位的企业高管具有正向调节作用，对拥有海外大学学位的企业高管不存在正向调节作用。这种作用在不同区域企业高管的教育收益中得到验证。

此外，不同行业和不同出生年代企业高管的教育收益中也存在不同程度的"一流大学效应"，行业与学科、出生年代与毕业院校的相互关系对企业高管的个人收入产生着不同的影响。

最后，实证结果显示，中国企业高管教育收益中同样存在"一流大学效应"。一流大学学士学位、一流大学硕士学位以及海外大学学位对中国企业高管收入增加具有促进。世界一流大学建设对于中国企业高管和中国企业的未来发展影响深远。

综上所述，企业高管教育收益中存在一流大学的收入效应，即本研究提出的"一流大学效应"。这种效应的存在与否、影响方向以及程度大小将随环境的变化而产生一定程度的变化。可以预见，随着时间的推移，企业高管的教育背景将不断发生新的变化，进而产生新的"效应"。总体而言，在微观层面，本研究验证了人力资本理论的有效性，尝试分析了学位层次、学科背景、海外学位等教育背景与企业高管个人收入之间的关系，诠释了一流大学教育背景的重要作用。

作为人力资本投资的主要形式，高等教育能够带来一定的经济收益，同时也会产生非经济收益，如思想的创新、幸福感的增强、健康水平的提升等等。基于测量方法的便捷性和数据的可获取性，本研究仅从"一流大学"视角考察企业高管的经济收益，并未涉及其非经济收益，作为一项对事实的探索性研究，难免存在一定的研究局限。然而，笔者依然相信，一流大学毕业生的文化观念、道德准则、社会责任意识等将潜移默化地渗透在组织、行业乃至国家当中。这些"收益"

虽然无法被一一量化,但它们确实于无形中深深影响着整个社会的进步,具有更加重要的"外部效应"。

企业高管教育收益中的"一流大学效应"揭示了世界一流大学的经济价值,相关结论可以为我国开展世界一流大学建设提供经验积累和证据支持。实证结果表明,世界一流大学建设不仅可以服务国家战略、促进社会经济发展,而且还能为家庭和个人带来福祉。因此,无论是对国家发展还是对个人发展,无论基于政策意蕴还是基于现实需求,我国建设世界一流大学都具有十分重要的意义和价值。在世界一流大学建设进程中,我国大学需要关注一流人才培养的社会适应性,关注毕业生的成长和发展,立足当前,着眼未来,实现人才的自我发展和社会贡献。

二、研究展望

任何计量模型都存在一定的设计缺陷,本研究也不例外。由于企业高管属于劳动力市场中的特殊群体,与之相关的个人特征变量难以获取,计量模型也势必存在遗漏变量问题。本研究虽竭尽全力采集到大量企业高管数据,力图分析教育背景与薪酬收入之间的关系,但由于能够获取的变量数量有限,加上时间和精力所限,明瑟收入方程的扩展模型依然有待完善。理想的情况是,如果控制个人入学成绩和家庭背景等因素,毕业院校质量对企业高管收入的影响将有所变化。当然,因无法获取这部分变量,本研究只能就高管履历提取的"教育背景"与其个人收入展开相关关系层面而非因果关系层面的研究,得出的研究结论也较为审慎。偏向于社会学的研究者可能会认为,家庭背景因素将大大影响企业高管的薪酬收入,即社会资本应与人力资本摆在同等重要的地位加以讨论。本研究已注意到这一问题,但因论证重点在于一流大学带来的经济价值,侧重结果测量而非成因机制的挖掘,对此相关问题仅作抛砖引玉。同时,对于样本选择问题,未来研究将力争获取更多涉及企业高管教育选择的前置信息和变量,尝试运用工具变量法和倾向值匹配法,解决模型可能存在的内生性问题,改善样本选择偏差,进一步完善现有研究。

人力资本理论和信号筛选理论都是解释个人收入的重要理论。本研究主要通过人力资本理论对企业高管的教育收益问题进行解释,结合劳动力市场分割情况,重点在于测量人力资本异质性及其产生的经济价值。由于所选样本和变量的客观限制,研究未能获取企业高管初入劳动力市场的起薪信息,因而无法对一流大学的信号生成机制展开分析,未能有效对比人力资本与信号筛选对企业高管个人收入的影响差异。未来将通过更为合理的研究设计,深化相应的理论分析。

参考文献

Adams S M, Gupta A, Haughton D M, Leeth J D. Gender Differences in CEO Compensation: Evidence from the USA[J]. Women in Management Review, 2007, 22(3): 208 – 224.

Aggarwal R K, Samwick A A. Executive Compensation, Strategic Competition, and Relative Performance Evaluation: Theory and Evidence[J]. The Journal of Finance, 1999, 54(6): 1999 – 2043.

Alwin D F. College Effects on Educational and Occupational Attainments[J]. American Sociological Review, 1974, 39(2): 210 – 223.

Ball R, Chik R. Early Employment Outcomes of Home and Foreign Educated Graduates — the Malaysian Experience[J]. Higher Education, 2001, 42(2): 171 – 189.

Balta M E, Woods A, Dickson K. The Influence of Boards of Directors' Characteristics on Strategic Decision-making: Evidence from Greek Companies[J]. Journal of Applied Business Research, 2010, 26(3): 57 – 68.

Bantel K A, Jackson S E. Top Management and Innovations in Banking: Does the Composition of the Top Team Make a Difference? [J]. Strategic Management Journal, 1989, 10(S1): 107 – 124.

Begley T M. Using Founder Status, Age of Firm, and Company Growth Rate as the Basis for Distinguishing Entrepreneurs from Managers of Smaller Businesses [J]. Journal of Business Venturing, 1995, 10(3): 249 – 263.

Berger M C. Cohort Size Effects on Earnings: Differences by College Major[J]. Economics of Education Review, 1988, 7(4): 375 – 383.

Bills D B. Educational Credentials and Promotions: Does Schooling Do More than Get You in the Door? [J]. Sociology of Education, 1988, 61(1): 52 – 60.

Brand J E, Halaby C N. Regression and Matching Estimates of the Effects of Elite College Attendance on Educational and Career Achievement[J]. Social Science Research, 2006, 35(3): 749 – 770.

Burkert M, Lueg R. Differences in the Sophistication of Value-based Management-The Role of

Top Executives[J]. Management Accounting Research, 2013, 24(1): 3 - 22.

Burris V. The Academic Caste System: Prestige Hierarchies in PhD Exchange Networks[J]. American Sociological Review, 2004, 69(2): 239 - 264.

Cañibano C, Bozeman B. Curriculum Vitae Method in Science Policy and Research Evaluation: The State-of-the-art[J]. Research Evaluation, 2009, 18(2): 86 - 94.

Carter M, Grover V, Thatcher J B. The Emerging CIO Role of Business Technology Strategist[J]. MIS Quarterly Executive, 2011, 10(1): 19 - 29.

Castanias R P, Helfat C E. Managerial Resources and Rents[J]. Journal of Management, 1991, 17(1): 155 - 171.

Chen H-L. Board Capital, CEO Power and R&D Investment in Electronics Firms[J]. Corporate Governance: An International Review, 2014, 22(5): 422 - 436.

Chevalier J, Ellison G. Are Some Mutual Fund Managers Better than Others? Cross-Sectional Patterns in Behavior and Performance[J]. The Journal of Finance, 1999, 54(3): 875 - 899.

Cocchiara F K, Kwesiga E, Bell M P, Baruch Y. Influences on Perceived Career Success: Findings from US Graduate Business Degree Alumni [J]. Career Development International, 2010, 15(1): 39 - 58.

Craft R K, Baker J G. Do Economists Make Better Lawyers? Undergraduate Degree Field and Lawyer Earnings[J]. The Journal of Economic Education, 2003, 34(3): 263 - 281.

Custódio C, Ferreira M A, Matos P. Generalists versus Specialists: Lifetime Work Experience and Chief Executive Officer Pay[J]. Journal of Financial Economics, 2013, 108(2): 471 - 492.

Darmadi S. Board Members' Education and Firm Performance: Evidence from a Developing Economy[J]. International Journal of Commerce & Management, 2011, 23(2): 113 - 135.

Datta S, Iskandar-Datta M. Upper-echelon Executive Human Capital and Compensation: Generalist vs Specialist Skills[J]. Strategic Management Journal, 2014, 35(12): 1853 - 1866.

Daymont T N, Andrisani P J. Job Preferences, College Major, and the Gender Gap in Earnings[J]. The Journal of Human Resources, 1984, 19(3): 408 - 428.

Del Rossi A F, Hersch J. Double Your Major, Double Your Return? [J]. Economics of Education Review, 2008, 27(4): 375 - 386.

Demetriades E, Psacharopoulos, G. Education and Pay Structure in Cyprus. International Labour Review[J].1979, 18(1): 103 - 112.

Díaz-Fernández M C, González-Rodríguez M R, Pawlak M. Top Management Demographic Characteristics and Company Performance[J]. Industrial Management & Data Systems, 2014, 114(3): 365 - 386.

Ding C, Jalbert T, Landry S P. The Relationship between University Rankings and Outcomes

Measurement[J]. College Teaching Methods & Styles Journal, 2007, 3(2): 1 - 10.

Ding W W. The Impact of Founders' Professional-Education Background on the Adoption of Open Science by For-profit Biotechnology Firms[J]. Management Science, 2011, 57(2): 257 - 273.

Dolton P J, Makepeace G H. Graduate Earnings after Six Years: Who Are the Winners? [J]. Studies in Higher Education, 1990, 15(1): 31 - 55.

Ellersgaard C H, Larsen A G, Munk M D. A Very Economic Elite: The Case of the Danish Top CEOs[J]. Sociology, 2013, 47(6): 1051 - 1071.

Faggian A, Mccann P. Human Capital Flows and Regional Knowledge Assets: A Simultaneous Equation Approach[J]. Oxford Economic Papers, 2006, 58(3): 475 - 500.

Faulkender M, Yang J. Inside the Black Box: The Role and Composition of Compensation Peer Groups[J]. Journal of Financial Economics, 2010, 96(2): 257 - 270.

Finkelstein S. Power in Top Management Teams: Dimensions, Measurement, and Validation [J]. The Academy of Management Journal, 1992, 35(3): 505 - 538.

Finnie R, Frenette M. Earning Differences by Major Field of Study: Evidence from Three Cohorts of Recent Canadian Graduates [J]. Economics of Education Review, 2003, 22(2): 179 - 192.

Foster E, Rodgers J. Quality of Education and Student Earnings[J]. Higher Education, 1980, 9(1): 21 - 37.

Freeman J A, Hirsch B T. College Majors and the Knowledge Content of Jobs[J]. Economics of Education Review, 2008, 27(5): 517 - 535.

Gabaix X, Landier A. Why Has CEO Pay Increased So Much? [J]. The Quarterly Journal of Economics, 2008, 123(1): 49 - 100.

Ghosh A. Determination of Executive Compensation in an Emerging Economy: Evidence from India[J]. Emerging Markets Finance and Trade, 2006, 42(3): 66 - 90.

Giannetti M, Liao G, Yu X. The Brain Gain of Corporate Boards: Evidence from China[J]. The Journal of Finance, 2015, 70(4): 1629 - 1682.

Goll I, Brown J N, Rasheed A A. Top Management Team Demographic Characteristics, Business Strategy, and Firm Performance in the US Airline Industry: The Role of Managerial Discretion[J]. Management Decision, 2008, 46(2): 201 - 222.

Gomez-Mejia L R, Balkin D B. Determinants of Faculty Pay: An Agency Theory Perspective [J]. The Academy of Management Journal, 1992, 35(5): 921 - 955.

Gottesman A A, Morey M R. Manager Education and Mutual Fund Performance[J]. Journal of Empirical Finance, 2006, 13(2): 145 - 182.

Graham J R, Harvey C R. The Theory and Practice of Corporate Finance: Evidence from the Field[J]. Journal of Financial Economics, 2001, 60(2/3): 187 - 243.

Hall S. Educational Ties, Social Capital and the Translocal (Re)production of MBA Alumni Networks[J]. Global Networks, 2011, 11(1): 118 - 138.

Halvorsen R, Palmquist R. The Interpretation of Dummy Variables in Semilogarithmic Equations[J]. The American Economic Review, 1980, 70(3): 474 - 475.

Hambrick D C. Guest Editor's Introduction: Putting Top Managers Back in the Strategy Picture[J]. Strategic Management Journal, 1989, 10(S1): 5 - 15.

Hambrick D C, Cho T S, Chen M-J. The Influence of Top Management Team Heterogeneity on Firms' Competitive Moves[J]. Administrative Science Quarterly, 1996, 41(4): 659 - 684.

Hambrick D C, Mason P A. Upper Echelons: The Organization as a Reflection of Its Top Managers[J]. The Academy of Management Review, 1984, 9(2): 193 - 206.

Hartog J, Sun Y, Ding X. University Rank and Bachelor's Labour Market Positions in China [J]. Economics of Education Review, 2010, 29(6): 971 - 979.

Hayes R M, Schaefer S. CEO Pay and the Lake Wobegon Effect[J]. Journal of Financial Economics, 2009, 94(2): 280 - 290.

Hazelkorn E. Reflections on a Decade of Global Rankings: What We've Learned and Outstanding Issues[J]. European Journal of Education, 2014, 49(1): 12 - 28.

Hemelt S W. The College Double Major and Subsequent Earnings[J]. Education Economics, 2010, 18(2): 167 - 189.

Hitt M A, Tyler B B. Strategic Decision Models: Integrating Different Perspectives[J]. Strategic Management Journal, 1991, 12(5): 327 - 351.

Huang S K. The Impact of CEO Characteristics on Corporate Sustainable Development[J]. Corporate Social Responsibility and Environmental Management, 2013, 20(4): 234 - 244.

IMF. World Economic Outlook: Too Slow for Too long[R]. Washington DC: International Monetary Fund, 2016.

Iqbal Z. CEO Age, Education, and Introduction of Hedging in the Oil and Gas Industry[J]. Journal of Economics and Finance, 2013, 39(1): 1 - 12.

Ishida H, Spilerman S, Su K H. Educational Credentials and Promotion Chances in Japanese and American Organizations[J]. American Sociological Review, 1997, 62(6): 866 - 882.

Jaeger D A, Page M E. Degrees Matter: New Evidence on Sheepskin Effects in the Returns to Education[J]. The Review of Economics and Statistics, 1996, 78(4): 733 - 740.

Jalbert T, Furumo K, Jalbert M. Does Educational Background Affect CEO Compensation and Firm Performance? [J]. Journal of Applied Business Research, 2011, 27(1): 15 - 40.

Jalbert T, Rao R P, Jalbert M. Does School Matter? An Empirical Analysis of CEO Education, Compensation, and Firm Performance [J]. International Business & Economics Research Journal, 2002, 1(1): 83 - 98.

Jehn K A, Bezrukova K. A Field Study of Group Diversity, Workgroup Context, and Performance[J]. Journal of Organizational Behavior, 2004, 25(6): 703 - 729.

Joseph J, Ocasio W, Mcdonnell M H. The Structural Elaboration of Board Independence: Executive Power, Institutional Logics, and the Adoption of CEO-only Board Structures in US Corporate Governance[J]. Academy of Management Journal, 2014, 57(6): 1834 - 1858.

Karabel J, Mcclelland K. Occupational Advantage and the Impact of College Rank on Labor Market Outcomes[J]. Sociological Inquiry, 1987, 57(4): 323 - 347.

Karami A, Analoui F, Kakabadse N K. The CEOs' Characteristics and Their Strategy Development in the UK SME Sector: An Empirical Study[J]. Journal of Management Development, 2006, 25(4): 316 - 324.

Keim M C. Educational Consortium CEOs: Their Backgrounds and Career Ladders[J]. Educational Research Quarterly, 2003, 26(4): 22 - 36.

Kim J W, Kogut B, Yang J S. Executive Compensation, Fat Cats, and Best Athletes[J]. American Sociological Review, 2015, 80(2): 299 - 328.

Kolstad I, Wiig A. Is It both What You Know and Who You Know? Human Capital, Social Capital and Entrepreneurial Success[J]. Journal of International Development, 2013, 25(5): 626 - 639.

Kostiuk P F. Firm Size and Executive Compensation[J]. The Journal of Human Resources, 1990, 25(1): 90 - 105.

Lavoie M, Finnie R. Is It Worth Doing a Science or Technology Degree in Canada? Empirical Evidence and Policy Implications[J]. Canadian Public Policy, 1999, 25(1): 101 - 121.

Layard R, Psacharopoulos G. The Screening Hypothesis and the Returns to Education[J]. Journal of Political Economy, 1974, 82(5): 985 - 998.

Lee D Y, Tsang E W K. The Effects of Entrepreneurial Personality, Background and Network Activities on Venture Growth[J]. Journal of Management Studies, 2001, 38(4): 583 - 602.

Lim J-H, Stratopoulos T C, Wirjanto T S. Sustainability of a Firm's Reputation for Information Technology Capability: The Role of Senior IT Executives[J]. Journal of Management Information Systems, 2013, 30(1): 57 - 96.

Lin C, Lin P, Song F M, Li C. Managerial Incentives, CEO Characteristics and Corporate Innovation in China's Private Sector[J]. Journal of Comparative Economics, 2011, 39(2): 176 - 190.

Lindorff M, Jonson E P. CEO Business Education and Firm Financial Performance: A Case for Humility rather than Hubris[J]. Education + Training, 2013, 55(4/5): 461 - 477.

Martelli J, Abels P. The Education of a Leader: Educational Credentials and Other Characteristics of Chief Executive Officers[J]. Journal of Education for Business, 2010, 85(4): 209 - 217.

Mertens A, Röbken H. Does a Doctoral Degree Pay off? An Empirical Analysis of Rates of Return of German Doctorate Holders[J]. Higher Education, 2013, 66(2): 217 - 231.

Michel J G, Hambrick D C. Diversification Posture and Top Management Team Characteristics[J]. The Academy of Management Journal, 1992, 35(1): 9 - 37.

Mincer J. Schooling, Experience, and Earnings. New York: National Bureau of Economic Research, 1974.

Miller D, Xu X, Mehrotra V. When is Human Capital a Valuable Resource? The Performance Effects of Ivy League Selection among Celebrated CEOs[J]. Strategic Management Journal, 2015, 36(6): 930 - 944.

Murphy K J. Corporate Performance and Managerial Remuneration[J]. Journal of Accounting and Economics, 1985, 7(1): 11 - 42.

Murphy K J, Zábojník J. CEO Pay and Appointments: A Market-Based Explanation for Recent Trends[J]. The American Economic Review, 2004, 94(2): 192 - 196.

Murphy K M, Welch F. Empirical Age-earnings Profiles[J]. Journal of Labor Economics, 1990, 8(2): 202 - 229.

Nguyen D D L, Hagendorff J, Eshraghi A. Which Executive Characteristics Create Value in Banking? Evidence from Appointment Announcements [J]. Corporate Governance (Oxford), 2015, 23(2): 112 - 128.

Peterson C A, Philpot J. Roles of Academic Directors on US Fortune 500 Boards[J]. International Journal of Corporate Governance, 2009, 9(2): 202 - 215.

Phillips P J, Cotter J. The Technostructure Gap: The Educational Qualifications of Executive and Non-executive Directors[J]. Corporate Ownership & Control, 2010, 7(4): 102 - 113.

Pons E, Blanco J M. Sheepskin Effects in the Spanish Labour Market: A Public-private Sector Analysis[J]. Education Economics, 2005, 13(3): 331 - 347.

Psacharopoulos G. College Quality as a Screening Device? [J]. The Journal of Human Resources, 1974, 9(4): 556 - 558.

Psacharopoulos G. Returns to Education: A Further International Update and Implications[J]. The Journal of Human Resources, 1985, 20(4): 583 - 604.

Rajagopalan N, Datta D K. CEO Characteristics: Does Industry Matter? [J]. The Academy of Management Journal, 1996, 39(1): 197 - 215.

Robst J. Education and Job Match: The Relatedness of College Major and Work [J]. Economics of Education Review, 2007, 26(4): 397 - 407.

Sakamoto A, Chen M D. The Effect of Schooling on Income in Japan[J]. Population Research and Policy Review, 1992, 11(3): 217 - 232.

Salmi J. The Challenge of Establishing World-Class Universities[M]. Washington, DC: World Bank, 2009.

Salmi J, Saroyan A. League Tables as Policy Instruments: Uses and Misuses[J]. Higher Education Management and Policy, 2007, 19(2): 24 - 62.

Sauer S J, Thomas-Hunt M C, Morris P A. Too Good to Be True? The Unintended Signaling

Effects of Educational Prestige on External Expectations of Team Performance[J]. Organization Science, 2010, 21(5): 1108 - 1120.

Schultz T W. Investment in Human Capital[J]. The American Economic Review, 1961, 51(1): 1 - 17.

Shipilov A, Danis W. TMG Social Capital, Strategic Choice and Firm Performance[J]. European Management Journal, 2006, 24(1): 16 - 27.

Singh V, Terjesen S, Vinnicombe S. Newly Appointed Directors in the Boardroom: How Do Women and Men Differ? [J]. European Management Journal, 2008, 26(1): 48 - 58.

Sjaastad L A. The Costs and Returns of Human Migration[J]. Journal of Political Economy, 1962, 70(5): 80 - 93.

Slater D J, Dixon-Fowler H R. The Future of the Planet in the Hands of MBAs: An Examination of CEO MBA Education and Corporate Environmental Performance[J]. Academy of Management Learning and Education, 2010, 9(3): 429 - 441.

Smith K G, Collins C J, Clark K D. Existing Knowledge, Knowledge Creation Capability, and the Rate of New Product Introduction in High-Technology Firms[J]. The Academy of Management Journal, 2005, 48(2): 346 - 357.

Smith K G, Smith K A, Olian J D, Sims H P, O'bannon D P, Scully J A. Top Management Team Demography and Process: The Role of Social Integration and Communication[J]. Administrative Science Quarterly, 1994, 39(3): 412 - 438.

Sørensen A B. The Structure of Inequality and the Process of Attainment[J]. American Sociological Review, 1977, 42(6): 965 - 978.

Sørensen A B. A Model and a Metric for the Analysis of the Intragenerational Status Attainment Process[J]. American Journal of Sociology, 1979, 85(2): 361 - 384.

Spence M. Job Market Signaling[J]. The Quarterly Journal of Economics, 1973, 87(3): 355 - 374.

Strayer W. The Returns to School Quality: College Choice and Earnings[J]. Journal of Labor Economics, 2002, 20(3): 475 - 503.

Taubman P J, Wales T J. Higher Education, Mental Ability, and Screening[J]. Journal of Political Economy, 1973, 81(1): 28 - 55.

Tihanyi L, Ellstrand A E, Daily C M, Dalton D R. Composition of the Top Management Team and Firm International Diversification[J]. Journal of Management, 2000, 26(6): 1157 - 1177.

Tinto V. Higher Education and Occupational Attainment in Segmented Labor Markets: Recent Evidence from the United States[J]. Higher Education, 1981, 10(5): 499 - 516.

Trusheim D, Crouse J. Effects of College Prestige on Men's Occupational Status and Income [J]. Research in Higher Education, 1981, 14(4): 283 - 304.

Useem M, Karabel J. Pathways to Top Corporate Management[J]. American Sociological Review, 1986, 51(2): 184 - 200.

Vinogradov E, Kolvereid L. Cultural Background, Human Capital and Self-Employment Rates among Immigrants in Norway[J]. Entrepreneurship & Regional Development, 2007, 19(4): 359 - 376.

Wai J. Investigating America's Elite: Cognitive Ability, Education, and Sex Differences[J]. Intelligence, 2013, 41(4): 203 - 211.

Wai J. Experts Are Born, then Made: Combining Prospective and Retrospective Longitudinal Data Shows that Cognitive Ability Matters[J]. Intelligence, 2014, 45(1): 74 - 80.

Wai J, Rindermann H. The Path and Performance of a Company Leader: A Historical Examination of the Education and Cognitive Ability of Fortune 500 CEOs [J]. Intelligence, 2015, 53: 102 - 107.

Wales T J. The Effect of College Quality on Earnings: Results from the NBER-Thorndike Data[J]. The Journal of Human Resources, 1973, 8(3): 306 - 317.

Wally S, Baum J R. Personal and Structural Determinants of the Pace of Strategic Decision Making[J]. The Academy of Management Journal, 1994, 37(4): 932 - 956.

Webbink D, Hartog J. Can Students Predict Starting Salaries? Yes! [J]. Economics of Education Review, 2004, 23(2): 103 - 113.

Weiss A. Human Capital vs. Signalling Explanations of Wages[J]. The Journal of Economic Perspectives, 1995, 9(4): 133 - 154.

Westphal J D, Zajac E J. Who Shall Govern? CEO/Board Power, Demographic Similarity, and New Director Selection[J]. Administrative Science Quarterly, 1995, 40(1): 60 - 83.

Wiersema M F, Bantel K A. Top Management Team Demography and Corporate Strategic Change[J]. The Academy of Management Journal, 1992, 35(1): 91 - 121.

Woolley R, Turpin T. CV Analysis as a Complementary Methodological Approach: Investigating the Mobility of Australian Scientists [J]. Research Evaluation, 2009, 18(2): 143 - 151.

Yang J, Wei L Q. Influence of CEO Demography on Entrepreneurial Orientation: The Moderating Role of Competitive Intensity[J]. Frontiers of Business Research in China, 2013, 7(3): 356 - 381.

Youtie J, Rogers J, Heinze T, Shapira P, Tang L. Career-based Influences on Scientific Recognition in the United States and Europe: Longitudinal Evidence from Curriculum Vitae Data[J]. Research Policy, 2013, 42(8): 1341 - 1355.

Zahra S A, Pearce J A. Boards of Directors and Corporate Financial Performance: A Review and Integrative Model[J]. Journal of Management, 1989, 15(2): 291 - 334.

陈良焜,杨钋.我国高职毕业生内部就业优势的经济计量分析[J].北京大学教育评论,2010, (4): 85 - 105.

陈沛,刘念才.全球万家企业高管教育背景与世界一流大学的关系研究[J].高等教育研究, 2016,(11): 1 - 9.

陈沛,杨希.杰出毕业生教育收益中的"一流大学效应"——基于全球万家企业高管数据的量化研究[J].中国高教研究(CSSCI),2017,(11):18-23.

程新生,刘建梅,陈靖涵.才能信号抑或薪酬辩护:超额薪酬与战略信息披露[J].金融研究,2015,(12):146-161.

范皑皑,丁小浩.谁的文凭贬值了——分割的劳动力市场视角下的过度教育问题研究[J].教育发展研究,2013,(17):7-14.

方军雄.我国上市公司高管的薪酬存在粘性吗?[J].经济研究,2009,(3):110-124.

何韧,王维诚,王军.管理者背景与企业绩效:基于中国经验的实证研究[J].财贸研究,2010,(1):109-118.

赖德胜.教育、劳动力市场与创新型人才的涌现[J].教育研究,2011,(9):8-13.

赖德胜.教育经济学[M].北京:高等教育出版社,2011.

赖德胜,孟大虎.专用性人力资本、劳动力转移与区域经济发展[J].中国人口科学,2006,(1):60-68.

李春涛,孔笑微.经理层整体教育水平与上市公司经营绩效的实证研究[J].南开经济研究,2005,(1):8-14.

李锋亮.教育的信息功能与筛选功能[M].北京:北京大学出版社,2008.

李锋亮,Mogan W J,陈晓宇.绝对教育年限与相对教育位置的收入效应——对教育生产功能和信号功能的检验[J].中国人口科学,2008,(1):67-73.

李锋亮,丁小浩.学用结合状况对毕业生起薪的影响[J].北京大学教育评论,2005,(4):50-54.

李平,许家云.国际智力回流的技术扩散效应研究——基于中国地区差异及门槛回归的实证分析[J].经济学(季刊),2011,(3):935-964.

李实,丁赛.中国城镇教育收益率的长期变动趋势[J].中国社会科学,2003,(6):58-72.

刘胜军,田志文.上市高新技术企业高管团队人力资本结构与财务绩效研究[J].商业研究,2015,(12):84-88.

刘泽云,邱牧远.高等教育质量收益的估计:基于倾向指数匹配法的研究[J].中国人口科学,2011,(5):85-93.

罗思平,于永达.技术转移、"海归"与企业技术创新——基于中国光伏产业的实证研究[J].管理世界,2012,(11):124-132.

马莉萍.双学位双回报?——基于全国高校毕业生就业调查的实证研究[J].教育发展研究,2013,(21):18-23.

马莉萍,岳昌君.我国劳动力市场分割与高校毕业生就业流向研究[J].教育发展研究,2011,(3):1-7.

孟大虎.大学生就业行为探究:专用性人力资本的视角[J].教育发展研究,2005,(15):68-71.

闵维方.高等教育运行机制研究[M].北京:人民教育出版社,2002.

卿石松,曾湘泉.本科毕业生起薪的专业差异分析[J].北京大学教育评论,2013,(4):98-109.

沈红,张青根.劳动力市场分割与家庭资本交互作用中的文凭效应[J].教育研究,2015,(8):22-32.

沈红,张青根.我国个人教育收益中文凭效应的计量分析[J].教育与经济,2015,(1):29-36.

孙海法,姚振华,严茂胜.高管团队人口统计特征对纺织和信息技术公司经营绩效的影响[J].南开管理评论,2006,(6):61-67.

孙榆婷,杜在超,赵国昌,李睿.出国镀金,回国高薪?[J].金融研究,2016,(11):174-190.

万媛媛,井润田,刘玉焕.中美两国上市公司高管薪酬决定因素比较研究[J].管理科学学报,2008,(2):100-110.

王骏,刘泽云.教育:提升人力资本还是发送信号[J].教育与经济,2015,(4):30-37.

吴育辉,吴世农.高管薪酬:激励还是自利?——来自中国上市公司的证据[J].会计研究,2010,(11):40-48.

西奥多·W·舒尔茨.论人力资本投资[M].吴珠华等译.北京:北京经济学院出版社,1990.

杨风,李卿云,吴晓晖.上游威胁、管理者背景特征与研发投资——基于创业板上市公司的经验证据[J].经济经纬,2016,(5):102-107.

岳昌君.教育计量学[M].北京:北京大学出版社,2009.

岳昌君.定量研究方法在教育经济学中的应用[J].中国高教研究,2016,(1):77-82.

张车伟.人力资本回报率变化与收入差距:"马太效应"及其政策含义[J].经济研究,2006,(12):59-70.

张建功,张振刚.美国专业学位研究生教育的学位结构及启示[J].高等教育研究,2008,(7):104-109.

张青根,沈红."一纸文凭"究竟价值几许?——基于中国家庭追踪调查数据的实证分析[J].教育发展研究,2016,(3):26-35.

张兆国,刘永丽,谈多娇.管理者背景特征与会计稳健性——来自中国上市公司的经验证据[J].会计研究,2011,(7):11-18.

周蕾,余恕莲.高管人力资本溢价与企业绩效倒U型关系研究[J].经济管理,2013,(11):106-117.

朱晋伟,彭瑾瑾,刘靖.高层管理团队特征对企业技术创新投入影响的研究——激励的调节效应[J].科学决策,2014,(8):17-33.

缩略语清单

ARWU	Academic Ranking of World Universities	世界大学学术排名
BA	Bachelor of Arts	文学学士
BBA	Bachelor of Business Administration	工商管理学士
BE	Bachelor of Engineering	工学学士
BS	Bachelor of Science	理学学士
BSBA	Bachelor of Science in Business Administration	工商管理理学学士
CEO	Chief Executive Officer	首席执行官
CFO	Chief Financial Officer	首席财务处
GICS	Global Industry Classification Standard	全球行业分类标准
IMF	International Monetary Fund	国际货币基金组织
JD	Juris Doctor	法律博士
MBA	Master of Business Administration	工商管理硕士
MD	Doctor of Medicine	医学博士
ME	Master of Engineering	工学硕士
PhD	Doctor of Philosophy	哲学博士
QS	Quacquarelli Symonds	QS 世界大学排名
THE	Times Higher Education	泰晤士高等教育
VIF	Variance Inflation Factor	方差膨胀系数

索　引

致 谢

初识交大,热情夏日;离沪之时,又逢暖冬。

光阴倏忽,成书在即;感激之情,难以言表。

回首过往,师恩难忘。本书在选题和撰写过程中得到了我的博士生导师——上海交通大学刘念才教授的悉心指导。在研究过程中,刘老师开阔、独到的学术视野引领我步入了探索的新天地;他正直、求真的学术品格令我钦佩与敬重;他理性、务实的学术态度教会我选择与取舍;他规范、严谨的学术指教帮助我进步与提升。刘老师的科学训练使我受益良多。作为刘老师的学生,我感到幸运和自豪。感谢上海交通大学刘少雪教授、刘莉副研究员、杨希副研究员和高等教育研究院其他老师对本书提出的许多建设性意见,使我的研究不断完善。

同窗情谊,四载相随。感谢我的各位同门,组会研讨让我在本书的撰写中获益匪浅;感谢我的同班同学,曾经千里相聚,如今四海相通,学术交流使我们共同成长;感谢我的室友马斌博士以及上海交通大学诸多好友的关心和帮助。

以文会友,共同提高。感谢西安交通大学孙晓冬博士、华中科技大学张青根博士、美国堪萨斯大学赵显博士等同仁在研究方法等方面对我的指点,感谢复旦大学崔迪博士、天津大学李永刚博士、南方科技大学姜帆博士等好友的日常交流与研究共进。

感谢我任职的东北财经大学对出版本书给予的鼓励和支持。

感谢我的父母,他们一直以来的文化熏陶给予我珍贵的精神财富,他们无私的爱和默默付出是我努力进取的不竭动力。

最后,衷心感谢上海交通大学出版社易文娟老师在本书出版过程中付出的努力。